À plus!

1

Méthode intensive

Grammatikheft

Cornelsen

À plus! 1 **Méthode intensive**
Grammatikheft für den Französischunterricht (3. Fremdsprache) an Gymnasien

Im Auftrag des Verlages erarbeitet von
Gertraud Gregor

und der Redaktion Moderne Fremdsprachen
Corinna Martin-Werner

Illustration: Laurent Lalo

Layoutkonzept: Regelindis Westphal

Layout und technische Umsetzung: Satzinform, Berlin

Umschlaggestaltung: Klein & Halm Grafikdesign, Berlin

Umschlagfoto: © Schapowalow/SIME

www.cornelsen.de

1. Auflage, 1. Druck 2007

Alle Drucke dieser Auflage sind inhaltlich unverändert und
können im Unterricht nebeneinander verwendet werden.

Druck: CS-Druck CornelsenStürtz, Berlin

ISBN 978-3-06-020331-4

Inhalt gedruckt auf säurefreiem Papier aus nachhaltiger Forstwirtschaft.

Wegweiser durch dein Grammatikheft

Das Grammatikheft zu ***À plus!* 1 Méthode intensive** enthält den gesamten Grammatikstoff des ersten Bandes. Es folgt den sieben Unités des Schülerbuches; die Unités von Grammatikheft und Schülerbuch tragen jeweils den gleichen Titel.
Innerhalb einer Unité ist der Grammatikstoff nach grammatischen Kategorien gegliedert. Dabei gilt folgende Reihenfolge: Nomen, Pronomen, Adjektiv, Adverb, Verb, der Satz. (Natürlich enthält nicht jede Unité Informationen zu allen diesen Kategorien.) Es gibt auch Grammatikerklärungen, die keinem dieser Oberpunkte zugeordnet werden können.
In der breiten linken Spalte jeder Seite findest du französische Beispielsätze, rechts auf dem gelben Streifen die dazugehörige Erklärung. In diesen Erklärungen werden, wo es sinnvoll ist, Vergleiche mit anderen Sprachen (Deutsch, Englisch, Latein) angestellt. Katharina und ihre Freunde geben dir ab und zu nützliche Lernhinweise.

In den orangefarbenen Kästen findest du kurzgefasste Regeln oder Merksprüche. Die lernst du am besten auswendig.

passé composé: Hilfsverb **avoir** / **être** + *participe passé*

Wenn du mit den Repères aus dem Schülerbuch Grammatik wiederholen möchtest, kannst du im Grammatikheft überprüfen, ob du die Aufgaben richtig gelöst hast. Die Lösungen sind schnell zu finden: Sie stehen auf dem rechten Streifen und sind durch ein dunkleres Gelb sowie das kleine Buch gekennzeichnet.

📖 → S. 45/8: Die Stellung der Satzteile ist in der *est-ce que*-Frage die gleiche wie im Aussagesatz.

In den hellgrünen Kästen erhältst du Hinweise auf Besonderheiten der Aussprache, die für die jeweilige Grammatikerscheinung wichtig sind. Im Anhang findest du außerdem ein Kapitel „Aussprache" (S. 54–55), wo grundsätzliche Hinweise zur Aussprache des Französischen gegeben werden.

Quel prof? / Quelle soirée? [kɛl] Quels camarades? / Quelles filles?

Der Anhang enthält außerdem eine Übersicht der Verbkonjugationen (S. 56–59), eine Liste aller Präpositionen, die du in Band 1 kennen lernst (S. 60–61), sowie eine Liste der grammatischen Begriffe (S. 61–63), die in ***À plus!* 1 Méthode intensive** verwendet werden. Wenn du also gezielt einen bestimmten Begriff suchst, dann schlage hier nach.

Objekt, direktes
(le complément d'objet direct), eine Ergänzung, die ohne Präposition direkt nach dem Verb steht: *Je range* ***ma chambre.***

Inhaltsverzeichnis

UNITÉ 1 *À Paris*

7 **1 Das Nomen und sein Begleiter**
7 1.1 Der bestimmte Artikel und das Nomen im Singular und im Plural
8 1.2 Der unbestimmte Artikel
8 1.3 Der Possessivbegleiter

9 **2 Das Verb**
9 2.1 Die regelmäßigen Verben auf **-er**
10 2.2 Die Verben **être** und **avoir**

10 **3 Die Personalpronomen**

11 **4 Der Satz**
11 4.1 Der Aussagesatz
11 4.2 Die Intonationsfrage
12 4.3 Die Frage mit **qu'est-ce que?**

UNITÉ 2 *La famille et les copains*

13 **5 Der zusammengezogene Artikel mit der Präposition à**

13 **6 Der Possessivbegleiter**

14 **7 Das Adjektiv**

15 **8 Das Verb**
15 8.1 Die Verben auf **-er: préférer** und **ranger**
16 8.2 Das unregelmäßige Verb **aller**
16 8.3 Der Imperativ
17 8.4 Das direkte Objekt nach **aimer, adorer, préférer** und **détester**
17 8.5 Die Verneinung mit **ne … pas**

18 **9 Der Nebensatz mit parce que**

18 **10 Die Frage**
18 10.1 Die Frage mit **est-ce que?**
19 10.2 Die Frage mit **où?**

UNITÉ 3 *Une heure, une journée, une semaine*

20 **11 Die Mengenangaben mit de**

21 **12 Das Verb**
21 12.1 Die Verben auf **-er: acheter**
21 12.2 Die Verben auf **-ir** (Typ **offrir**)
21 12.3 Die unregelmäßigen Verben **prendre, dire, faire**
22 12.4 Das unregelmäßige Verb **pouvoir**
23 12.5 Die reflexiven Verben
24 12.6 Die Verben **aimer, adorer** und **détester** mit Infinitiv

24 **13 Der Infinitiv mit der Präposition pour**

25 **14 Die indirekte Rede**

25 **15 Die Verneinung mit ne … plus**

26 **16 Die Frage mit Fragewort und est-ce que**

UNITÉ 4 *La vie du collège*

27 **17 Der Plural der Nomen**

27 **18 Der Fragebegleiter quel**

28 **19 Der zusammengezogene Artikel mit der Präposition de**

28 **20 Der bestimmte Artikel vor Wochentagen**

29 **21 Das Pronomen**
29 21.1 Das direkte Objektpronomen
30 21.2 Die Relativpronomen **qui** und **que**
30 21.3 Das Relativpronomen **où**

31 **22 Die Adjektive bon, moyen und nul**

31 **23 Das Verb**
31 23.1 Die Verben auf **-dre**
32 23.2 Die unregelmäßigen Verben **écrire**, **lire**, **voir**, **vouloir**

32 **24 Il faut mit Infinitiv**

UNITÉ 5 *Des goûts et des couleur*

34 **25 Das Nomen und sein Begleiter**
34 25.1 Der Demonstrativbegleiter
35 25.2 Der Teilungsartikel

36 **26 Das Pronomen**
36 26.1 Die Relativpronomen **ce qui** und **ce que**
37 26.2 Das Pronomen **en**

38 **27 Das Adjektiv**
38 27.1 Die Adjektive auf **-eux**
38 27.2 Die Adjektive **beau** und **nouveau**
38 27.3 Die Adjektive auf **-al**
39 27.4 Die Stellung des Adjektivs

40 **28 Das Verb**
40 28.1 Die Verben auf **-yer**
40 28.2 Das unregelmäßige Verb **mettre**
40 28.3 Das unregelmäßige Verb **boire**
41 28.4 Das unregelmäßige Verb **savoir**

41 **29 Das direkte und das indirekte Objekt**

UNITÉ 6 *S'engager*

43 **30 Die Ordnungszahlen**

43 **31 Das Verb**
43 31.1 Die Verben auf **-ir** (Typ **partir**)
44 31.2 Das unregelmäßige Verb **courir**
44 31.3 Das unregelmäßige Verb **venir**
44 31.4 Das unregelmäßige Verb **devoir**
45 31.5 Das **passé composé**
45 Die Bildung des **passé composé**
47 Das Partizip Perfekt
47 31.6 Die Verneinung in Sätzen mit dem **passé composé**
48 31.7 Die Wortstellung in Sätzen mit dem **passé composé**

UNITÉ 7 *C'est les vacances!*

49 **32 Das Pronomen**
49 32.1 Das indirekte Objektpronomen
50 32.2 Die Stellung mehrerer Pronomen im Satz

51 **33 Das Verb**
51 33.1 Das **futur composé**

52 **34 Die Frage**
52 34.1 Die Frage mit **qu'est-ce qui?** und **qu'est-ce que?**
53 34.2 Die indirekte Frage

ANNEXE

54 **35 Aussprache**
54 35.1 Buchstaben und Laute
55 35.2 Die **liaison**

55 **36 Das Verb**
55 36.1 Verbarten
56 36.2 Die Formen des Verbs

56 **37 Die Konjugation der Verben**
56 37.1 Die Verben **être** und **avoir**
57 37.2 Die regelmäßigen Verben auf **-er**
58 37.3 Die regelmäßigen Verben auf **-dre**
58 37.4 Die unregelmäßigen Verben

60 **38 Die Präpositionen**
60 38.1 Präpositionen zur Angabe des Ortes
60 38.2 Präpositionen zur Angabe der Zeit
61 38.3 Andere Präpositionen

61 **39 Liste der grammatischen Begriffe**

UNITÉ 1 À Paris

1 Das Nomen und sein Begleiter
Le nom et son déterminant

1.1 Der bestimmte Artikel und das Nomen im Singular und im Plural
L'article défini et le nom au singulier et au pluriel

	masculin	féminin
singulier	le train l'hôtel de ville	la rue l'île
pluriel	les trains les‿hôtels de ville	les rues les‿îles

Der bestimmte Artikel *le* steht vor maskulinen Nomen, der bestimmte Artikel *la* steht vor femininen Nomen. Der bestimmte Artikel *l'* *(„l apostrophe")* steht vor maskulinen und femininen Nomen, die mit einem Vokal oder einem stummen *h-* (→ S. 54) beginnen. Im Plural gibt es nur einen bestimmten Artikel für maskuline und feminine Nomen: *les*.

Vor Vokal und stummem **h-** werden **le** und **la** zu **l'**.

	les garçons	[legarsɔ̃]
aber:	les‿îles	[lezil]

Vor einem Nomen, das mit einem Vokal oder stummem *h-* beginnt, wird das *-s* stimmhaft [z] ausgesprochen und mit dem folgenden Vokal gebunden (→ S. 55, Die liaison).

le bonbon – <u>das</u> Bonbon
le chocolat – <u>die</u> Schokolade
la photo – <u>das</u> Foto

Um dir das Genus französischer Nomen besser merken zu können, trägst du die Nomen in rot und blau in dein Vokabelheft ein.

le garçon – der Junge
la fille – das Mädchen
le métro – die Metro
la place – der Platz

⚠ Das Genus deutscher und französischer Nomen stimmt nicht immer überein.

Der bestimmte Artikel:	*singulier*	le	la	l'
	pluriel		les	

📖 → S. 25/2a: Maskuline und feminine Nomen haben den bestimmten Artikel *l'*, wenn sie mit einem Vokal oder einem stummen *h-* beginnen.
📖 → S. 25/2b: Dass ein Nomen im Plural verwendet wird, hörst du meistens nur an seinem Artikel: [lə] *parc*, [le] *parcs*. Bei Nomen, die mit einem Vokal beginnen, ist der Plural leichter zu hören: *l'île* [lil], *les‿îles* [lezil].
Dass ein Nomen im Plural verwendet wird, siehst du am Artikel *(les)* und am Plural-*s* des Nomens *(rues)*.
📖 → S. 25/2c: Beispiele: *le parc, les places, la mode, le métro, les jardins, les rues, les tours.*

1.2 Der unbestimmte Artikel
L'article indéfini

	masculin	féminin
singulier	un train un‿hôtel de ville	une rue une île
pluriel	**des** trains **des**‿hôtels de ville	**des** rues **des**‿îles

Der unbestimmte Artikel:	*singulier*	**un**	**une**
	pluriel	**des**	

Der unbestimmte Artikel *un* steht vor maskulinen Nomen, der unbestimmte Artikel *une* steht vor femininen Nomen. Im Unterschied zum Deutschen gibt es im Französischen auch einen unbestimmten Artikel im Plural: *des*. *Des* steht vor maskulinen und femininen Nomen im Plural.

📖 → S. 26/3: *des livres, une cantine, des films, un garçon, des rues, des élèves, un parc, des professeurs*

1.3 Der Possessivbegleiter
Le déterminant possessif

	masculin	féminin	
singulier	mon sac ton cahier son chien	mon‿école ton‿école son‿école	ma rue ta photo sa veste
pluriel	mes sacs tes cahiers ses chiens	mes‿affaires tes‿affaires ses‿affaires	mes photos tes photos ses photos

Die Possessivbegleiter *ma, ta, sa* verwendest du nur vor femininen Nomen, die mit einem Konsonanten beginnen. *Mon, ton, son* verwendest du vor allen maskulinen Nomen und vor femininen Nomen, die mit einem Vokal beginnen. *Mes, tes, ses* verwendest du vor allen maskulinen und femininen Nomen im Plural.

son père – **ihr** Vater
sa mère – **ihre** Mutter

son père – **sein** Vater
sa mère – **seine** Mutter

ses copains – **ihre** Freunde

ses copains – **seine** Freunde

Französische Possessivbegleiter richten sich in Genus und Numerus nach dem Nomen, vor dem sie stehen.

mon_école [mɔnekɔl]
ton_école [tɔnekɔl]
son_école [sɔnekɔl]

Vor einem Nomen, das mit Vokal oder stummem *h-* beginnt, wird das *-n* von *mon, ton, son* ausgesprochen und mit dem folgenden Vokal gebunden (→ S. 54).

2 Das Verb
Le verbe

2.1 Die regelmäßigen Verben auf -er
Les verbes réguliers en *-er*

	regarder		**arriver**
je	regard**e**	j'	arriv**e**
tu	regard**es**	tu	arriv**es**
il/elle/on	regard**e**	il/elle/on_	arriv**e**
nous	regard**ons**	nous_	arriv**ons**
vous	regard**ez**	vous_	arriv**ez**
ils/elles	regard**ent**	ils/elles_	arriv**ent**

Wie im Lateinischen gibt es auch im Französischen verschiedene Verbgruppen. Die weitaus größte Verbgruppe ist die Gruppe der Verben, die im Infinitiv auf *-er* enden. Auch die meisten neu gebildeten französischen Verben gehören zu dieser Gruppe, z. B. *surfer, cliquer*.

j'arrive
j'habite

Bei Verben, die mit Vokal oder stummem *h-* beginnen, wird in der 1. Person Singular *je* zu *j'* apostrophiert.

je regarde
tu regardes
[ʀəgaʀd]
il/elle regarde
ils/elles regardent

Die Verbformen der 1., 2. und 3. Person Singular und der 3. Person Plural werden gleich ausgesprochen.

tu photographies
tu habites

Die 2. Person Singular der Verben auf *-er* endet immer auf *-s*!

2.2 Die Verben être und avoir
Les verbes *être* et *avoir*

	être		**avoir**
je	suis	j'	ai
tu	es	tu	as
il/elle/on‿	est	il/elle/on‿	a
nous	sommes	nous‿	avons
vous‿	êtes	vous‿	avez
ils/elles	sont	ils/elles‿	ont

Wie in anderen Sprachen auch können *être* und *avoir* als Vollverben oder als Hilfsverben *(verbes auxiliaires)* verwendet werden (→ S. 55).

être		**avoir**	
ils sont	[ilsɔ̃]	ils‿ont	[ilzɔ̃]
elles sont	[ɛlsɔ̃]	elles‿ont	[ɛlzɔ̃]

⚠ Die Formen der 3. Person Plural unterscheiden sich in der Aussprache nur durch das stimmlose bzw. das stimmhafte *-s-*.

3 Die Personalpronomen
Les pronoms personnels

1. Pers. Singular	Je	m'appelle Lila.
2. Pers. Singular	Tu	t'appelles comment?
3. Pers. Singular	Il	a un chien.
	Elle	photographie le chien.
	On	parle français.
1. Pers. Plural	Nous	arrivons.
2. Pers. Plural	Vous	êtes en vacances?
3. Pers. Plural	Ils	sont dans le train.
	Elles	habitent ici.

Die Personalpronomen werden als Subjekt vor Verben verwendet. *On* entspricht dem deutschen *man*. Im gesprochenen Französisch wird es aber oft anstelle von *nous (wir)* verwendet. Auch wenn *on* für *wir* steht, folgt ihm ein Verb in der 3. Person Singular!
Ob *on wir* oder *man* bedeutet, entnimmst du dem Kontext.

Lila et Yasmina, **vous** habitez ici?
Vous habitez à Courbevoie, M. Diouf?
Madame et M. Gloesener, **vous** êtes de Genève?

Ils habitent
à Paris.

Elles habitent
à Paris.

Ils habitent
à Paris.

Vous steht im Französischen für *ihr* und für *Sie* (Höflichkeitsform). Mit *vous* wendest du dich an
- mehrere Personen, die du duzt;
- eine Person, die du siezt;
- mehrere Personen, die du siezt.

Im Französischen unterscheidest du in der 3. Person Plural zwischen maskulinem und femininem Personalpronomen. *Ils* und *elles* übersetzt du mit *sie*.
- *Ils* verwendest du für mehrere maskuline Personen oder Sachen.
- *Elles* verwendest du für mehrere feminine Personen oder Sachen.
- Für gemischte Gruppen (maskuline und feminine Personen oder Sachen) verwendest du *ils*.

🕮 → S. 26/5: Im ersten Satz steht *vous* für *ihr*, im zweiten Satz für *Sie* (Höflichkeitsform).

4 Der Satz
La phrase

4.1 Der Aussagesatz
La phrase déclarative

Subjekt	Verb	Ergänzung
Je	suis	de Paris.
On	regarde	les photos.
Camille et David	sont	dans le train.

Die normale Wortstellung in einem französischen Aussagesatz ist Subjekt + Verb + Ergänzung. Das ist wie im Englischen: SVO. Aussagesätze sprichst du mit fallender Intonation, das heißt, du senkst die Stimme am Satzende.

4.2 Die Intonationsfrage
L'interrogation par intonation

Aussagesatz	Fragesatz
C'est Chaipas.	C'est Chaipas?
Ça va.	Ça va?
Il est sympa.	Il est sympa?

Im Französischen kannst du aus Aussagesätzen Fragen bilden. Du brauchst nur die Intonation zu verändern, das heißt, du musst die Stimme am Satzende heben. Solche Fragen heißen Intonationsfragen. Die Reihenfolge der Satzteile in der Intonationsfrage ist die gleiche wie im Aussagesatz.

🕮 → S. 26/7b: Durch die Intonation: Den Aussagesatz sprichst du mit fallender Intonation, den Fragesatz mit steigender Intonation.

4.3 Die Frage mit qu'est-ce que?
L'interrogation avec *qu'est-ce que?*

Qu'est-ce que c'est? — **Was** ist das?
Qu'est-ce qu'il y a dans un CDI? — **Was** gibt es in einem CDI?
Qu'est-ce que tu empruntes? — **Was** leihst du aus?

qu'est-ce que? = was?

Mit *qu'est-ce que* fragst du nach Sachen oder nach Tätigkeiten. Vor Vokalen oder stummem *h-* apostrophierst du *qu'est-ce* **que** zu *qu'est-ce* **qu'**.

Grammatische Begriffe aus Unité 1 **Le vocabulaire grammatical de l'unité 1**	der bestimmte Artikel	l'article défini
	der unbestimmte Artikel	l'article indéfini
	der Begleiter	le déterminant
	das Nomen	le nom
	der Singular	le singulier
	der Plural	le pluriel
	feminin	féminin
	maskulin	masculin
	der Possessivbegleiter	le déterminant possessif
	das Personalpronomen	le pronom personnel
	das Verb	le verbe
	das regelmäßige Verb	le verbe régulier
	der Satz	la phrase
	der Aussagesatz	la phrase déclarative
	die Frage	l'interrogation
	die Intonationsfrage	l'interrogation par intonation

5 Der zusammengezogene Artikel mit der Präposition à
L'article contracté avec la préposition *à*

Lila va	**au**	foot.	... zum Fußball.
Les filles sont	**aux**	Galeries Lafayette.	... in den Galeries Lafayette.
David va souvent	**à la**	piscine.	... ins Schwimmbad.
Yasmina est	**à**	l'école.	... in der Schule.

au spectacle [ospɛktakl] *aux spectacles*

aux_amis [ozami]

à + le = au
à + les = aux
à + la = à la
à + l' = à l'

Präpositionen, die mit dem bestimmten Artikel zusammengezogen werden, kennst du auch aus dem Deutschen: *Sie geht **ins** (in + das) Schwimmbad.* Die französische Präposition *à* wird nur mit den bestimmten Artikeln *le* (→ *au*) und *les* (→ *aux*) zusammengezogen.

Au und *aux* werden gleich ausgesprochen.

(→ S. 55, Die liaison)

📖 → S. 44/ 3a: Die Präposition *à* wird mit den bestimmten Artikeln *le* und *les* zusammengezogen. Mit den bestimmten Artikeln *la* und *l'* wird sie nicht zusammengezogen.
📖 → S. 44/ 3b: 1. *Lila va au foot.* 2. *David va à la piscine.* 3. *Ils vont au cinéma.*

6 Der Possessivbegleiter
Le déterminant possessif

vor Nomen im Singular			vor Nomen im Plural
maskuline Nomen	feminine Nomen		maskuline und feminine Nomen
	mit Vokal	mit Konsonant	
mon frère	mon_école	ma mère	mes frères/sœurs
ton copain	ton_adresse	ta chambre	tes copains/copines
son cahier	son_adresse	sa sœur	ses copains/copines
notre frère/sœur			**nos** copains/copines
votre chien/chambre			**vos** cahiers/valises
leur ami/amie			**leurs** rollers/affaires

Du kennst schon die Possessivbegleiter *mon/ton/son, ma/ta/sa, mes/tes/ses,* die die Zugehörigkeit zu <u>einer</u> Person ausdrücken (→ S. 8).
Hier lernst du die Possessivbegleiter kennen, die die Zugehörigkeit zu <u>mehreren</u> Personen ausdrücken: *notre, votre, leur, nos, vos, leurs.*
Notre, votre, leur stehen vor maskulinen und femininen Nomen im Singular.
Nos, vos, leurs stehen vor maskulinen und femininen Nomen im Plural.

▶

... **euer** Zimmer **... eure** Koffer

... Ihr Zimmer **... Ihre** Koffer

⚠ *Votre/vos* benutzt du für mehrere „Besitzer“, die du duzt, oder für einen/mehrere „Besitzer“, den/die du siezt.

ihr Hund

ihre Hunde

📖 → S. 44/4:
Notre, votre, leur stehen vor maskulinen und femininen Nomen im Singular. *Nos, vos, leurs* stehen vor maskulinen und femininen Nomen im Plural.

leur chien	[lœʀʃjɛ̃]	leurs chiens
nos‿affaires	[nozafɛʀ]	
leurs‿affaires	[lœʀzafɛʀ]	

Leur chien und *leurs chiens* werden gleich ausgesprochen. Den Unterschied zwischen Singular und Plural machst du nur beim Schreiben.

(→ S. 55, Die liaison)

7 Das Adjektiv
L’adjectif

masculin	féminin
Jérémie est grand.	Lila est grande.
Jérémie et David sont grands.	Lila et Yasmina sont grandes.
David et Camille sont grands.	

Französische Adjektive werden immer den Nomen in Genus und Numerus angeglichen, auf die sie sich beziehen. Bezieht sich ein Adjektiv zugleich auf ein maskulines und ein feminines Nomen, verwendest du die maskuline Pluralform.

David est **grand**.	... ist **groß**.
Yasmina est **grande**.	... ist **groß**.
Vos enfants sont **grands**.	... sind **groß**.

⚠ Im Deutschen bleibt das Adjektiv nach *sein* unverändert.

	masculin		féminin	
	singulier	pluriel	singulier	pluriel
1.	grand [gʀɑ̃] différent	grands [gʀɑ̃] différents	grande [gʀɑ̃d] différente	grandes [gʀɑ̃d] différentes
2.	brun [bʀɛ̃]	bruns [bʀɛ̃]	brune [bʀyn]	brunes [bʀyn]
3.	drôle serviable	drôles serviables	drôle serviable	drôles serviables
4.	super sympa	super sympa	super sympa	super sympa
5.	curieux	curieux	curieuse	curieuses
6.	nouveau	nouveaux	nouvelle	nouvelles

Es gibt unterschiedliche Gruppen von Adjektiven:
1. Adjektive, die zur Bildung der femininen Form an die maskuline Form ein *-e* anhängen,
2. Adjektive, die zur Bildung der femininen Form ein *-e* anhängen und die Aussprache des Vokals verändern,
3. Adjektive, die auf *-e* enden und die im Singular und im Plural jeweils nur eine Form haben,
4. unveränderliche Adjektive,
5. Adjektive auf *-eux*, deren feminine Form auf *-euse* endet (→ S. 38),
6. Adjektive auf *-eau*, deren feminine Form auf *-elle* endet und deren maskuline Pluralform auf *-x* endet (→ S. 38).

📖 → S. 45/5: Die feminine Form der Adjektive *grand* und *brun* bildest du, indem du ein *-e* an die maskuline Form anhängst. Dadurch verändert sich die Aussprache: *grande* [gʀɑ̃d], *brune* [bʀyn]. *Drôle* endet bereits in der maskulinen Form auf *-e*. Die feminine Form entspricht der maskulinen.
Die Pluralformen dieser Adjektive bildest du, indem du ein *-s* an die maskuline oder feminine Form des Adjektivs anhängst.

8 Das Verb
Le verbe

8.1 Die Verben auf -er: préférer und ranger
Les verbes en *-er: préférer* et *ranger*

	préférer		**ranger**
je	préfère	je	range
tu	préfères	tu	ranges
il/elle/on	préfère	il/elle/on	range
nous	préférons	nous	rangeons
vous	préférez	vous	rangez
ils/elles	préfèrent	ils	rangent

Diese beiden Verben auf *-er* haben jeweils eine Besonderheit:
Préférer: Nur die zwei endungsbetonten Verbformen (→ S. 56) von *préférer* haben, wie der Infinitiv, ein *-é-* (*-e-* mit *accent aigu*). Alle anderen – stammbetonten (→ S. 56) – Formen haben ein *-è* (*-e-* mit *accent grave*).
Ranger: In der 1. Person Plural musst du zwischen dem Stamm *rang-* und der Endung *-ons* ein *-e-* einschieben. Das *-e-* sorgt dafür, dass *-g-* vor *-o* wie [ʒ] ausgesprochen wird (→ S. 54).

8.2 Das unregelmäßige Verb aller
Le verbe irrégulier *aller*

je	vais
tu	vas
il/elle/on	va
nous‿	allons
vous‿	allez
ils/elles	vont
Imperativ	Va. Allons. Allez.

Aller ist das einzige Verb auf *-er*, das eine ganz unregelmäßige Konjugation hat.

8.3 Der Imperativ
L'impératif

Wenn du jemanden auffordern möchtest etwas zu tun, verwendest du die Imperativformen eines Verbs. Bis auf wenige Ausnahmen (z.B. *aller*) entspricht der Imperativ Singular der Verbform der 1. Person Singular Präsens. Die Pluralformen des Imperativs entsprechen der 1. und der 2. Person Plural Präsens. Den Imperativ der 2. Person Plural verwendest du
– für eine Person, die du siezt,
– für mehrere Personen, die du siezt oder duzt.

Imperativ:	1. Person Singular	**Regarde.**
	1. Person Plural	**Regardons.**
	2. Person Plural	**Regardez.**

🕮 → S. 45/6: *Schau mal, Jérémie, deine Freundinnen kommen. Lasst uns ins Kino gehen. Lou und Jérémie, bereitet eure Sachen für morgen vor. Schauen Sie, meine Dame. Da ist das Rathaus.*

tenir en laisse
an der Leine halten

8.4 Das direkte Objekt nach aimer, adorer, préférer und détester
L'objet direct après *aimer, adorer, préférer* et *détester*

Subjekt	Verb	direktes Objekt
David	**aime**	**la** natation.
Yasmina et Camille	ne **détestent** pas	**le** foot,
mais elles	**préfèrent**	**le** handball.
Jérémie	**adore**	**les** livres.

Nach **aimer/adorer/préférer/détester:**
bestimmter Artikel + Nomen

Das direkte Objekt im Französischen heißt so, weil es direkt – das heißt ohne Präposition – an das Verb angeschlossen wird. An die Verben *aimer, adorer, préférer* und *détester* schließt du das direkte Objekt mit einem bestimmten Artikel an. Im Deutschen steht nach *(lieber) mögen, lieben, bevorzugen* das direkte Objekt meist ohne Artikel.

→ S. 45/7: *Lila liebt/mag Musik und David mag sehr gern Fußball. Camille hasst Fußball nicht, aber sie mag lieber Handball. Jérémie fährt gerne Inline-skates.*
Im Französischen steht nach den Verben *aimer, adorer, préférer* und *détester* das direkte Objekt mit einem bestimmten Artikel. Im Deutschen steht nach *(lieber) mögen, lieben, bevorzugen, hassen* kein Artikel.

8.5 Die Verneinung mit ne ... pas
La négation avec *ne ... pas*

Jérémie travaille.	Lou **ne** travaille **pas**.
Lila comprend la question.	Yasmina **ne** comprend **pas** la question.
David habite à Paris.	Noémie **n'**habite **pas** à Paris.
Écoutez.	**N'**écoutez **pas** à la porte.

Du verneinst ein französisches Verb, indem du *ne* vor das Verb und *pas* dahinter stellst. Auch der Imperativ (→ S. 16) steht zwischen *ne* und *pas*. Vor einem Verb, das mit einem Vokal oder mit stummem *h-* beginnt, apostrophierst du *ne* zu *n'*.

→ S. 45/9: 1. *David ne range pas sa chambre.* 2. *Camille n'aime pas la natation.* 3. *Camille ne va pas souvent à la piscine.*

9 Der Nebensatz mit parce que
La proposition subordonnée avec *parce que*

Je dis «nos amies» **parce que** je parle aussi pour David.
Jérémie préfère Yasmina **parce qu'**elle est sympa, drôle ...

		Subjekt	Verb	Ergänzung
Elle ne va pas au foot	parce qu'	elle	préfère	le handball.
		Subjekt	**Ergänzung**	**Verb**
...,	weil	sie	Handball	lieber mag.

Nebensätze stehen meistens nicht alleine, sondern sind von einem Hauptsatz abhängig: ..., ***weil*** *sie nett ist.* Die Konjunktion *parce que* leitet einen Nebensatz ein, der einen Grund angibt. Vor einem Vokal und stummem *h-* wird *parce que* zu *parce qu'* apostrophiert.

Im französischen Nebensatz steht das Verb vor der Ergänzung. Das heißt, ein französischer Nebensatz hat die gleiche Wortstellung wie ein Hauptsatz: Subjekt + Verb + Ergänzung.
Im Deutschen dagegen steht das Verb im Nebensatz mit *weil* an letzter Stelle.

10 Die Frage
L'interrogation

10.1 Die Frage mit est-ce que?
L'interrogation avec *est-ce que?*

Intonationsfrage

David habite à Paris?

Du kennst schon die Intonationsfrage (→ S. 11). Diese Frageform kannst du natürlich nur beim Sprechen verwenden.

Aussagesatz	Frage mit *est-ce que*
David habite à Paris.	**Est-ce que** David habite à Paris?
Il aime le sport.	**Est-ce qu'**il aime le sport?

Du kannst im Französischen auch Fragen stellen, indem du vor einen Aussagesatz *est-ce que* stellst.
Fragen mit *est-ce que* sprichst du mit fallender Intonation.
Die Frage mit *est-ce que* kannst du beim Sprechen und beim Schreiben verwenden.

→ S. 45/8: Die Stellung der Satzteile ist in der *est-ce que*-Frage die gleiche wie im Aussagesatz.

10.2 Die Frage mit où?
L'interrogation avec *où?*

Où est ma veste? — Wo ist meine Jacke?
Où sont mes rollers? — Wo sind meine Inlineskates?

Où sont Lila et Yasmina?
Tu préfères Lila **ou** Yasmina?

Mit *où* fragst du nach einem Ort. *Où* steht am Anfang der Frage, auf *où* folgt das Verb und dann erst das Subjekt (wie im Deutschen).

⚠ Verwechsle nicht *où* = *wo?* und *ou* = *oder.*

Grammatische Begriffe aus Unité 2 Le vocabulaire grammatical de l'unité 2		
	der zusammengezogene Artikel	l'article contracté
	die Präposition	la préposition
	das Adjektiv	l'adjectif
	das unregelmäßige Verb	le verbe irrégulier
	der Imperativ	l'impératif
	das direkte Objekt	l'objet direct
	die Verneinung	la négation
	der Nebensatz	la proposition subordonnée
	die Konjunktion	la conjonction

11 Die Mengenangaben mit de
Les quantifiants avec *de*

Camille **n'a pas de**	farine.	... kein Mehl
Elle **n'a plus de**	coca.	... keine Cola mehr
Elle **n'a pas**	d'œufs.	... keine Eier
Elle a **peu de**	biscuits,	... wenige Kekse
mais elle a **assez de**	jus d'orange.	... genug Orangensaft
Yasmina a **beaucoup d'**	amis,	... viele Freunde
et elle prend **trop de**	photos.	... zu viele Fotos
Lila achète **deux paquets de**	biscuits,	... zwei Päckchen Kekse
trois bouteilles de	coca,	... drei Flaschen Cola
un pot de	crème,	... einen Becher Sahne
deux kilos de	farine,	... zwei Kilo Mehl
un bocal de	cerises	... ein Glas Kirschen
et **deux litres de**	lait.	... zwei Liter Milch

Mengenangaben können Nomen sein *(un kilo, un litre, un pot)*, Adverbien *(beaucoup, peu, assez, trop)* oder Verneinungen *(ne ... pas, ne ... plus)*.
Im Französischen verwendest du nach Mengenangaben die Präposition *de* und dann das Nomen ohne Artikel. Vor einem Nomen, das mit einem Vokal oder stummem *h*- beginnt, wird *de* zu *d'* apostrophiert.
Auch im Englischen steht nach einer Mengenangabe eine Präposition: *a bottle of juice*. Im Deutschen wird dagegen das Nomen direkt, das heißt ohne eine Präposition, an die Mengenangabe angeschlossen.

Mengenangabe + **de** + Nomen

l'espoir *m.* die Hoffnung

→ S. 65/2a: *Camille kauft ein Kilo Mehl, einen Liter Milch, eine Flasche Cola, einen Becher Sahne und ein Glas Kirschen. Sie haben keine Cola und sie haben keine Eier mehr. David hat wenig Geld. Jérémie hat genug Hefte. Camille hat viele Geschenke. Yasmina macht zu viele Fotos.*
→ S. 65/2b: 1. *Camille achète trois litres de lait.* 2. *Nous n'avons plus de jus d'orange.* 3. *David n'a pas de cadeau pour Camille.* 4. *Comme toujours, Yasmina prend trop de photos.* 5. *Fabian ne gagne pas beaucoup d'argent dans le métro.*

On n'a pas **de** clafoutis.
Aber:
Ce n'est pas **un** clafoutis, c'est **une** crêpe.

Eine Ausnahme ist das Verb *être:* Nach verneintem *être* steht nicht *de*, sondern der Artikel, der im bejahten Satz stehen würde.

Je n'ai pas **le** temps.	Ich habe keine Zeit.
Je n'ai pas cours.	Ich habe keinen Unterricht / keine Schule.

⚠ In feststehenden Redewendungen steht nach *ne ... pas* nicht immer *de*.

12 Das Verb
Le verbe

12.1 Die Verben auf -er: acheter
Les verbes en *-er: acheter*

j'	achète
tu	achètes
il/elle/on‿	achète
nous‿	achetons
vous‿	achetez
ils/elles‿	achètent
Imperativ	Achète. Achetons. Achetez.

Abgeseh'n von **nous** und **vous**,
kommt ein **accent grave** hinzu.

Acheter ist ein regelmäßiges Verb auf *-er*, das eine Besonderheit aufweist: In den stammbetonten Formen wird das *-e-* des Infinitivs zu *-è-* [ɛ]. Die endungsbetonten Formen (1. und 2. Person Plural) behalten das *-e-* des Infinitivs (ohne *accent grave*).

12.2 Die Verben auf -ir (Typ offrir)
Les verbes en *-ir*

	offrir		**ouvrir**
j'	offre	j'	ouvre
tu	offr**es**	tu	ouvr**es**
il/elle/on‿	offre	il/elle/on‿	ouvre
nous‿	offr**ons**	nous‿	ouvr**ons**
vous‿	offr**ez**	vous‿	ouvr**ez**
ils/elles‿	offr**ent**	ils/elles‿	ouvr**ent**
Imperativ	Offre. Offrons. Offrez.	Imperativ	Ouvre. Ouvrons. Ouvrez.

Mit *offrir* und *ouvrir* lernst du eine kleine Gruppe von insgesamt drei Verben kennen, die zwar auf *-ir* enden, aber wie die Verben auf *-er* konjugiert werden.

12.3 Die unregelmäßigen Verben prendre, dire, faire
Les verbes irréguliers *prendre, dire, faire*

	prendre
je	prends
tu	prends
il/elle/on	prend
nous	**prenons**
vous	**prenez**
ils/elles	pre**nn**ent
Imperativ	Prends. Prenons. Prenez.

Prendre ist ein unregelmäßiges Verb auf *-re*.
Die 1. und 2. Person Singular enden auf *-s*. Die 3. Person Singular hat keine Endung.
Prendre verliert im Plural das *-d-* des Stamms und hat in der 3. Person Plural zwei *-n-* statt einem.

dire

je	dis
tu	dis
il/elle/on	dit
nous	disons
vous	**dites**
ils/elles	disent
Imperativ	Dis. Disons. Dites.

Dire ist ebenfalls ein unregelmäßiges Verb auf *-re*. In der 1. und 3. Person Plural wird ein *-s-* zwischen Stamm und Endung geschoben. Die 2. Person Plural endet auf *-tes*. Das kennst du schon von *être: vous êtes*.

faire

je	fais
tu	fais
il/elle/on	fait
nous	faisons
vous	**faites**
ils/elles	**font**
Imperativ	Fais. Faisons. Faites.

Die Singularformen von *faire* sind regelmäßig. Die 2. Person Plural endet auf *-tes*. Das kennst du schon von *être (vous êtes)* und von *dire (vous dites)*.
Die 3. Person Plural ist ganz unregelmäßig: *ils/elles font*.

être – vous **êtes**
dire – vous **dites**
faire – vous **faites**

⚠ Diese drei häufig gebrauchten Verben enden in der 2. Person Plural auf *-tes*.

être – ils **sont**
avoir – ils‿**ont**
aller – ils **vont**
faire – ils **font**

12.4 Das unregelmäßige Verb pouvoir
Le verbe irrégulier *pouvoir*

je	**peux** [pø]
tu	**peux** [pø]
il/elle/on	**peut** [pø]
nous	pouvons
vous	pouvez
ils/elles	peuvent [pœv]

In der 1. und der 2. Person Singular enden die Verbformen von *pouvoir* auf *-x* statt auf *-s*. Außerdem ändert das Verb in den stammbetonten Formen den Stammvokal: *-ou-* → *-eu-*.

12.5 Die reflexiven Verben
Les verbes pronominaux

Reflexive Verben werden immer von einem Pronomen begleitet, dem Reflexivpronomen *(**sich** streiten; se disputer)*. Die Reflexivpronomen beziehen sich auf die gleiche(n) Person(en) wie das Subjekt.
Im Französischen stehen die Reflexivpronomen immer direkt vor dem Verb.
Vor Verben, die mit einem Vokal oder stummem *h-* beginnen, werden die Reflexivpronomen *me, te, se* zu *m', t', s'* apostrophiert.

		se disputer
je	**me**	dispute
tu	**te**	disputes
il/elle/on	**se**	dispute
nous	**nous**	disputons
vous	**vous**	disputez
ils/elles	**se**	disputent

		s'appeler
je	**m'**	appelle
tu	**t'**	appelles
il/elle/on	**s'**	appelle
nous	**nous** ‿	appelons
vous	**vous** ‿	appelez
ils/elles	**s'**	appellent

📖 → S. 66/5a: Vor einem Verb, das mit einem Vokal oder einem stummen *h-* beginnt.
📖 → S. 66/5b: Die Verneinungswörter schließen das Reflexivpronomen und das Verb ein.
📖 → S. 66/5c: 1. *David ne se lève pas à six heures.* 2. *Camille se douche vite et se prépare pour l'école.* 3. *Aujourd'hui, Lila et Yasmina ne se baladent pas.*

La radio **ne** s'allume **pas** et Camille **ne** se lève **pas**.

Im verneinten Satz umschließt die Verneinungsklammer das Reflexivpronomen und das Verb.

s'appeler – heißen
se balader – spazieren gehen
se lever – aufstehen

⚠ Ein französisches reflexives Verb entspricht nicht immer einem reflexiven Verb im Deutschen.

12.6 Die Verben aimer, préférer, adorer und détester mit Infinitiv
Les verbes *aimer, préférer, adorer* et *détester* avec l'infinitif

Yasmina	**adore**	prendre des photos. ... Fotos zu machen.
Lila	**aime** bien	se balader avec Yasmina. ... spazieren zu gehen.
David	**préfère**	aller à la piscine. ... ins Schwimmbad zu gehen.
Camille et Yasmina	**détestent**	regarder le foot. ... Fußball zu sehen.

An die Verben *adorer, aimer, préférer* und *détester* wird ein Infinitiv direkt angeschlossen.
Im Deutschen wird an die Verben *lieben, mögen, vorziehen* und *hassen* der Infinitiv mit *zu* angeschlossen.

Elle adore prendre des photos.
Sie liebt es Fotos zu machen.

Im französischen Satz steht die Ergänzung am Satzende. Im deutschen Satz steht die Ergänzung vor dem Infinitiv mit *zu*.

13 Der Infinitiv mit der Präposition pour
L'infinitif avec la préposition *pour*

Yasmina et Lila vont à Montmartre **pour prendre** des photos.
Elle prennent le métro **pour rentrer**.

Nach der Präposition *pour* kann ein Infinitiv stehen. Mit *pour* + Infinitiv kannst du einen Zweck angeben (= *um ... zu* + Infinitiv).

Elles vont à Montmartre pour se balader dans les rues.
Sie fahren nach Montmartre, um in den Straßen spazieren zu gehen.

Im französischen Satz steht *pour* + Infinitiv vor der Ergänzung. Im Deutschen steht die Ergänzung vor dem Infinitiv mit *zu*.

14 Die indirekte Rede
Le discours indirect

Jérémie: «Ma sœur parle trop.»	Jérémie **pense que** sa sœur parle trop.
Les copains: «On prend le bus.»	Les copains **disent qu'**ils prennent le bus.
Yasmina: «Jonathan n'est pas méchant.»	Yasmina **trouve que** Jonathan n'est pas méchant.

Wenn du wiedergeben willst, was eine andere Person gesagt, geschrieben oder gedacht hat, verwendest du nicht immer die direkte (wörtliche) Rede, sondern die indirekte Rede. Die indirekte Rede leitest du mit einem Verb der Redeeinleitung und der Konjunktion *que (dass)* ein. Im Deutschen kannst du die Konjunktion *dass* auch weglassen. Im Französischen kann die Konjunktion *que* nicht weggelassen werden.

→ S. 66/7: In der indirekten Rede steht ein Verb der Redeeinleitung *(dire, penser, trouver)* mit der Konjunktion *que*. Bei der Umwandlung von direkter in indirekte Rede musst du auch die Pronomen, Verben und Begleiter der veränderten Situation anpassen.

15 Die Verneinung mit ne ... plus
La négation avec *ne ... plus*

Aujourd'hui, Yasmina	**ne**	photographie	**plus**.
	... fotografiert **nicht mehr**.		
Le chanteur	**n'**	est	**plus** là.
	... ist **nicht mehr** da.		

Elle **n'**a **plus de** lait. ... keine Milch mehr.
Il **n'**a **plus d'**argent. ... kein Geld mehr.

Die Verneinungswörter *ne ... plus* haben die gleiche Stellung wie die Verneinung *ne ... pas: Ne* steht vor dem konjugierten Verb und *plus* dahinter. Vor Verben, die mit einem Vokal oder stummem *h-* beginnen, apostrophierst du *ne* zu *n'*.

⚠ *ne ... plus de* + Nomen = *kein/keine/keinen mehr*

16 Die Frage mit Fragewort und est-ce que
L'interrogation avec pronom interrogatif et *est-ce que*

Qu'	est-ce que	vous faites?
Où	est-ce qu'	ils vont?
Comment	est-ce qu'	elles rentrent aujourd'hui?
Pourquoi	est-ce que	Jonathan n'est pas sympa?
Quand	est-ce que	tu rentres, maman?
À quelle heure	est-ce que	tu te lèves?
Jusqu'à quelle heure	est-ce que	vous avez cours?

Fragewort + **est-ce que** + Subjekt + Verb

Du kannst schon Fragen stellen, indem du *est-ce que* vor einen Aussagesatz stellst.
Auch mit Fragewörtern kannst du *est-ce que*-Fragen bilden. Das Fragewort steht in der *est-ce que*-Frage immer am Anfang.

Où est-ce qu'**elle** est?
Où est **Lila**?

In einer Frage mit *être* kannst du *Où est-ce que?* nur verwenden, wenn das Subjekt ein Pronomen ist. Ist das Subjekt ein Nomen, lässt du *est-ce que* weg und stellst das Verb vor das Subjekt (wie im Deutschen).

Grammatische Begriffe aus Unité 3
Le vocabulaire grammatical de l'unité 3

die Mengenangabe	le quantifiant
das reflexive Verb	le verbe pronominal
der Infinitiv	l'infinitif
die indirekte Rede	le discours indirect
das Fragewort	le pronom interrogatif

UNITÉ 4 La vie du collège

17 Der Plural der Nomen
Le pluriel des noms

le garçon – les garçon**s**
la fille – les fille**s**

le cadeau – les cadeau**x**
le jeu – les jeu**x**
le travail – les trav**aux**

l'animal – les anim**aux**
le bocal – les boc**aux**

l'œil – les **yeux**

An die meisten französischen Nomen, die du bisher kennen gelernt hast, wird zur Bildung der Pluralform ein *-s* angehängt.

Es gibt aber auch französische Nomen, deren Pluralform auf *-x* endet.

Nomen, die im Singular auf *-al* enden, haben meistens eine Pluralform, die auf *-aux* endet.

⚠ Der Plural von *l'œil* ist ganz unregelmäßig und endet ebenfalls auf *-x*.
⚠ Nomen, deren Plural auf *-x/-aux* endet, sind immer maskulin.

18 Der Fragebegleiter quel
Le déterminant interrogatif *quel*

masculin		féminin	
singulier	pluriel	singulier	pluriel
Quel sport?	**Quels** garçons?	**Quelle** fille?	**Quelles** copines?
Quel ami?	**Quels**‿animaux?	**Quelle** école?	**Quelles**‿adresses?

Der Fragebegleiter *quel* wird dem Nomen angeglichen, vor dem er steht. Das ist im Deutschen genauso: *Welcher Freund?; Welche Freundin?*

Quel prof? / Quelle soirée? / Quels camarades? / Quelles filles? [kɛl]

Alle vier Formen von *quel* werden vor Konsonanten gleich ausgesprochen.

À quelle heure est-ce que tu rentres?	Um wie viel Uhr …?
Jusqu'à quelle heure est-ce que tu as cours?	Bis wann …?
Tu as quel âge?	Wie alt bist du?
Quel stress!	Was für ein Stress!
Il est quelle heure?	Wie viel Uhr ist es? / Wie spät ist es?

⚠ Nicht immer wird *quel* mit *welcher?/welche?/welches?* ins Deutsche übersetzt.

19 Der zusammengezogene Artikel mit der Präposition de
L'article contracté avec la préposition *de*

Voilà la solution **du** problème de maths. — le problème
... des Problems

On parle **de la** poésie de Victor Hugo. — la poésie
... über die Poesie

C'est le chien **de l'**appartement d'en face. — l'appartement
... der Wohnung

En S.V.T., on parle **des** volcans. — les volcans
... über Vulkane

Du hast schon gelernt, dass die französische Präposition *à* mit den bestimmten Artikeln *le* und *les* zusammengezogen wird (→ S. 13).
Auch die Präposition *de* ziehst du mit den bestimmten Artikeln *le* und *les* zusammen. Mit den bestimmten Artikeln *la* und *l'* wird *de* nicht zusammengezogen (genau wie die Präposition *à*).

de + le = du
de + la = de la
de + l' = de l'
de + les = des

en face de:	La cantine est <u>en face</u> **du** collège.	le collège
à droite de:	Les revues sont <u>à droite</u> **des** DVD.	les DVD
à gauche de:	La librairie est <u>à gauche</u> **du** cinéma.	le cinéma

⚠ Auch nach präpositionalen Ausdrücken mit *de* musst du *de* mit den folgenden bestimmten Artikeln *le* und *les* zusammenziehen.

20 Der bestimmte Artikel vor Wochentagen
L'article défini devant les jours de la semaine

am Donnerstag / donnerstags

am Dienstag / dienstags

Wenn du einen einzigen, bestimmten Tag meinst (z. B. diesen Donnerstag), verwendest du den Wochentag **ohne** Artikel.
Wenn du nicht einen einzelnen Tag, sondern viele, wiederkehrende Tage meinst (etwas geschieht immer an diesem Tag, jede Woche an diesem Tag), verwendest du den Wochentag **mit** dem bestimmten Artikel.

le samedi = samstags
samedi = am Samstag

21 Das Pronomen
Le pronom

21.1 Das direkte Objektpronomen
Le pronom d'objet direct

Tu	**me**	photographies?
Oui, je	**te**	photographie.
Et Colin? Je	le	photographie aussi.
Le prof cherche Lila. Il ne	la	trouve pas.
On aide Jonathan? D'accord. On	l'	aide.
On aide Camille? D'accord. On	l'	aide aussi.
Les moniteurs	**nous**	attendent?
Oui, ils	**vous**	attendent.
Tu vois les animaux là-bas? Oui, je	**les**	vois.

Ein direktes Objekt kann durch ein Pronomen ersetzt werden: das direkte Objektpronomen.
Die direkten Objektpronomen für die 3. Person Singular und Plural entsprechen in ihrer Form den bestimmten Artikeln.

– Ne **m'**attendez pas. – Si, on **t'**attend.
– Tu écoutes le moniteur? – Oui, je l'écoute.
– Tu aides ta copine, s'il te plaît? – Oui, je l'aide.

Vor einem Verb, das mit einem Vokal beginnt, werden die direkten Objektpronomen *me, te, le, la* zu *m', t'* und *l'* verkürzt. Dem apostrophierten *l'* kannst du also nicht ansehen, ob es maskulin oder feminin ist. Das ergibt sich nur aus dem Zusammenhang.

la lettre *hier:* der Buchstabe **la haine** der Hass

Elle **la** <u>cherche</u> mais elle <u>ne</u> **la** trouve <u>pas</u>.

Die Objektpronomen stehen immer direkt vor dem konjugierten Verb, also auch innerhalb der Verneinungsklammer.

21.2 Die Relativpronomen qui und que
Les pronoms relatifs *qui* et *que*

M. Giraud est le prof **qui** écrit comme un chat. …, der …
Mme Pasquier est la prof **qui** ne fait pas de cadeaux. …, die …
Il y a des élèves **qui** ne font pas leurs exercices. …, die …
On dessine des choses **qui** sont un peu nulles. …, die …

C'est un film **qu'**on regarde à Serre Chevalier. …, den …
C'est une chanson **que** Lila chante souvent. …, das …
On a des devoirs **qu'**il faut faire lundi soir. …, die …
Les chansons **que** Lila chante sont cool. …, die …

Das Relativpronomen *qui* leitet einen Relativsatz ein. *Qui* ist unveränderlich. Es bezieht sich auf maskuline und feminine Nomen im Singular und im Plural. *Qui* ist das Subjekt des Relativsatzes. Auf *qui* folgt immer ein Verb.

Auch das Relativpronomen *que* leitet einen Relativsatz ein. Auch *que* ist unveränderlich und steht für maskuline und feminine Nomen im Singular und im Plural. *Que* ist das Objekt des Relativsatzes. Auf *que* folgt das Subjekt des Relativsatzes.

→ S. 85/8: *M. Giraud ist ein Lehrer, der sein Fach liebt. Es gibt Schüler, die keine Antwort haben. Yasmina ist das Mädchen, das gut in Mathe ist. Wir machen Sachen, die blöd sind. Da ist das Buch, das Jérémie sucht. Das sind die Hausaufgaben, die wir bis/für Dienstag machen müssen. Es gibt eine Sache, die der Lehrer machen kann. Das sind die Fragen, die sie stellen will.*
Qui wird mit *der, die, das* ins Deutsche übersetzt; *que* mit *den, die, das.*

21.3 Das Relativpronomen où
Le pronom relatif *où*

Le quartier **où** elles habitent s'appelle Courbevoie.
La tour **où** Jérémie habite est à la Défense.
C'est une matière **où** on travaille beaucoup.

Auch mit dem Relativpronomen *où* kannst du einen Relativsatz einleiten. *Où* steht anstelle einer Ortsangabe. Auf *où* folgt das Subjekt des Relativsatzes.

Im Relativsatz steht:	**qui** + Verb
	que + Subjekt + Verb
	où + Subjekt + Verb

C'est la maison **où** j'habite.
Où est-ce que tu habites?

Où kann also ein Relativpronomen oder ein Fragewort sein!

22 Die Adjektive bon, moyen und nul
Les adjectifs *bon, moyen* et *nul*

Sébastien est nul en maths.
Lila est nulle en maths.
Ses copains sont nuls en dessin.
Ses copines sont nulles en sport.

Jérémie est bon en français.
Yasmina est très bonne en maths.
Ses copains sont bons en allemand.
Ses copines sont bonnes en S.V.T.

David est moyen en anglais.
Camille est moyenne en allemand.
Ses copains sont moyens en sport.
Ses copines sont moyennes en dessin.

Um die feminine Form der Adjektive *bon, moyen* und *nul* zu bilden, verdoppelst du den Endkonsonanten und hängst ein *-e* an.

nul, nuls, nulle, nulles [nyl]

bon, bons [bɔ̃] – bonne, bonnes [bɔn]
moyen, moyens [mwajɛ̃] – moyenne, moyennes [mwajɛn]

Alle vier Formen des Adjektivs *nul* werden gleich ausgesprochen.

Die maskulinen und die femininen Formen von *bon* und *moyen* werden unterschiedlich ausgesprochen.

23 Das Verb
Le verbe

23.1 Die Verben auf -dre
Les verbes en *-dre*

	attendre
j'	attends
tu	attends
il/elle/on	attend
nous	attendons
vous	attendez
ils/elles	attendent
Imperativ	Attends.
	Attendons.
	Attendez.

Die 3. Person Singular französischer Verben endet nie auf *-s*!

Die regelmäßigen Verben auf *-dre* enden im Singular auf *-s, -s, -d*. Im Plural haben sie dieselben Endungen wie die Verben auf *-er: -ons, -ez, -ent.*

Aber:

nous	apprenons
vous	apprenez
ils/elles	apprennent

⚠ *Apprendre* wird wie *prendre* (→ S. 21) konjugiert.

23.2 Die unregelmäßigen Verben écrire, lire, voir, vouloir
Les verbes irréguliers *écrire, lire, voir, vouloir*

	écrire		**lire**
j'	écris	je	lis
tu	écris	tu	lis
il/elle/on‿	écrit	il/elle/on	lit
nous‿	écrivons	nous	lisons
vous‿	écrivez	vous	lisez
ils/elles‿	écrivent	ils/elles	lisent

Bei der Konjugation von *écrire* musst du in den Pluralformen zwischen Stamm und Endung ein *-v-* setzen, bei *lire* ein *-s-*.

	voir		**vouloir**
je	vois	je	veux
tu	vois	tu	veux
il/elle/on	voit	il/elle/on	veut
nous	voyons	nous	voulons
vous	voyez	vous	voulez
ils/elles	voient	ils/elles	veulent

Voir hat in der 1. und 2. Person Plural (endungsbetonte Formen) ein *-y-* anstelle des *-i-*.
Vouloir wird wie *pouvoir* konjugiert (→ S. 22).

24 Il faut mit Infinitiv
***Il faut* avec l'infinitif**

Il faut parler à Monsieur Laval.
Wir müssen mit Monsieur Laval sprechen.

Qu'est-ce qu'**il faut** faire pour apprendre le francais?
Was **muss man** tun, um Französisch zu lernen?

Après mon cours de guitare, **il faut** encore faire les devoirs.
Nach der Gitarrenstunde **muss ich** noch Hausaufgaben machen.

Il faut ist ein unpersönlicher Ausdruck, nach dem ein Verb im Infinitiv steht.
Il faut wird mit *müssen* übersetzt.

📖 → S. 85/6: *Wir müssen über die Klassenfahrt sprechen. Nach dem Unterricht muss man / müssen wir noch Hausaufgaben machen.*
Im ersten Satz übersetzt man *il faut* mit *wir müssen*, im zweiten Satz mit *man muss* oder *wir müssen*, je nach Zusammenhang.

Grammatische Begriffe aus Unité 4 **Le vocabulaire grammatical de l'unité 4**	der zusammengezogene Artikel	l'article contracté
	der Fragebegleiter	le déterminant interrogatif
	das Pronomen	le pronom
	das direkte Objekt	l'objet direct
	das direkte Objektpronomen	le pronom d'objet direct
	das Relativpronomen	le pronom relatif

Die Verbendungen im Präsens

Jetzt kennst du schon alle Verbendungen des Präsens Indikativ, die es im Französischen gibt.

Verben auf -er	Verben auf -re/-dre	pouvoir/vouloir
-e	-s	-x
-es	-s	-x
-e	-t/-d	-t
	-ons	
	-ez	
	-ent	

Die 2. Person Plural französischer Verben endet immer auf -ez.
Nur drei Verben bilden eine Ausnahme zu dieser Regel:

être – vous **êtes**
dire – vous **dites**
faire – vous **faites**

UNITÉ 5 Des goûts et des couleurs

25 Das Nomen und sein Begleiter
Le nom et son déterminant

25.1 Der Demonstrativbegleiter
Le déterminant démonstratif

maskulin		feminin	
vor Konsonant	vor Vokal	vor Konsonant und vor Vokal	
ce garçon	cet_ordinateur	cette fille	cette idée
ces garçons	ces_ordinateurs	ces filles	ces_idées

Den Demonstrativbegleiter verwendest du, wenn du auf bestimmte Gegenstände oder Personen hinweisen willst: *dieser Computer; dieses Mädchen.* Du gleichst den Demonstrativbegleiter dem Nomen, vor dem er steht, in Genus und Numerus an. Im Plural gibt es nur eine Form für maskuline und feminine Nomen: *ces.*

cet_ordinateur [sɛt] cette idée

Bei der Aussprache machst du zwischen *cet* und *cette* keinen Unterschied.

ce	vor maskulinen Nomen mit Konsonant
cet	vor maskulinen Nomen mit Vokal
cette	vor allen femininen Nomen
ces	vor allen Nomen im Plural

→ S. 105/3: *Cet* steht nur vor maskulinen Nomen, die mit einem Vokal oder stummem *h*- beginnen.

cet_exercice aber: **ce** petit_exercice

⚠ *Cet* verwendest du nur, wenn es direkt vor einem Nomen steht. Steht vor dem Nomen noch ein Adjektiv, das mit einem Konsonanten beginnt, verwendest du *ce*.

Ce matin heißt *heute Morgen*, *ce soir* heißt *heute Abend* und *cet après-midi* heißt *heute Nachmittag*.

⚠ Nicht immer wird der Demonstrativbegleiter *ce* mit *dieser/diese/dieses* übersetzt.

25.2 Der Teilungsartikel
L'article partitif

Ils achètent	**du** beurre.		Sie kaufen	Ø Butter.
	de la farine.			Ø Mehl.
	de l' eau.			Ø Wasser.

Du weißt, dass du im Französischen nach einer Mengenangabe *de* verwenden musst, z. B. *un kilo **de** farine* (→ S. 20).
Wenn du aber keine bestimmte Menge angeben willst, musst du vor dem Nomen (im Singular) den Teilungsartikel verwenden. Der Teilungsartikel hat die gleiche Form wie der zusammengezogene Artikel mit der Präposition *de* (→ S. 28): ***du, de la, de l'***.
Im Deutschen gibt es keinen Teilungsartikel. Wo im Französischen der Teilungsartikel vor einem Nomen steht, steht im Deutschen nur das Nomen, ohne Artikel. Bei unbestimmten Mengen im Plural verwendest du den unbestimmten Artikel *des: Tu achètes **des** oranges?*

Teilungsartikel	Mengenangabe
Tu prends **du** pain?	Non, merci. <u>Pas</u> **de** pain.
Il faut **de la** farine?	Oui, <u>un kilo</u> **de** farine.
Tu veux **de l'**eau?	Oui! <u>Beaucoup</u> **d'**eau.

Il faut **de la** farine.

J'ai un kilo **de** farine.

Il y a **du** coca sur la table.

Je prends un verre **de** coca.

Je donne **du** lait à mon chat.

J'achète une bouteille **de** lait.

Teilungsartikel:	Mengenangabe:
du	nur **de**
de la	
de l'	

→ S. 105/4: *Sie kaufen Brot/Mehl/Wasser.*
Im Französischen steht vor dem Nomen der Teilungsartikel. Im Deutschen steht nur das Nomen, ohne Artikel.

Il fait	**de la** natation.
	du tennis.
	de l'escalade.

Nicht nur mit konkreten Dingen wie Brot und Mehl, sondern auch in anderen Ausdrücken verwendest du den Teilungsartikel.

26 Das Pronomen
Le pronom

26.1 Die Relativpronomen ce qui und ce que
Les pronoms relatifs *ce qui* et *ce que*

C'est le garçon **qui** fait de la natation.
C'est la chanson **que** Lila aime chanter.

Son père ne comprend pas **ce qui** est beau. …, **was** schön ist.
Elle ne sait plus **ce qui** est juste. …, **was** richtig ist.

Elle aime **ce que** je déteste. …, **was** ich hasse.
Je ne comprends pas **ce qu'**il veut dire. …, **was** er sagen will.

Fragewort
Qu'est-ce qu'elle veut?
Was will sie?

Relativpronomen
Elle ne sait pas **ce qu'**elle veut.
Sie weiß nicht, **was** sie will.

Im Relativsatz mit
ce qui / ce que gilt:
ce qui + Verb
ce que + Subjekt + Verb

Du kennst schon die Relativpronomen *qui* und *que*, die sich auf Personen oder Sachen beziehen (→ S. 30).

Hier lernst du die Relativpronomen *ce qui* und *ce que* kennen, die sich nicht auf Personen oder Sachen, sondern auf Sachverhalte beziehen.
Ce qui wird immer mit *was* übersetzt.
Ce qui ist immer das Subjekt des Relativsatzes. Auf *ce qui* folgt ein Verb.
Auch *ce que* wird immer mit *was* übersetzt. *Ce que* ist das direkte Objekt des Relativsatzes. Auf *ce que* folgt das Subjekt des Relativsatzes. Vor Vokal wird *ce que* zu *ce qu'* apostrophiert.

⚠ Verwechsle nicht das Fragewort *qu'est-ce que* und das Relativpronomen *ce que*.
Beide werden mit *was* ins Deutsche übersetzt.

📖 → S. 106/9: *Ce qui* ist das Subjekt des Nebensatzes. *Ce que* ist das direkte Objekt des Nebensatzes.

26.2 Das Pronomen en
Le pronom *en*

Das Pronomen *en* vertritt Ergänzungen, die mit *de (du, de la, de l', des, beaucoup de …)* oder dem unbestimmten Artikel *un/une* eingeleitet werden.
Es ist unveränderlich und steht immer vor dem Verb. Es verweist auf bereits erwähnte Nomen.

Tu fais un clafoutis?	J'**en** fais deux. Ich mache zwei (davon).
On a encore du lait?	Oui, on **en** a encore quatre bouteilles. … wir haben noch vier Flaschen (davon).
Vous avez encore des oranges?	Non, je n'**en** ai plus. … ich habe keine mehr (davon).
Tu as des copains qui aiment le piercing?	Oui, j'**en** ai beaucoup. … ich habe viele (davon).

En steht häufig auch in Verbindung mit Zahlwörtern oder Mengenangaben.
Im Unterschied zum Deutschen können französische Zahlwörter und Mengenangaben in Objektfunktion nicht alleine stehen.

Tu as un chien?	J'**en** ai **deux.** Ich habe z**wei**.
Tu m'achètes des boucles d'oreilles?	Mais tu **en** as déjà **trois paires**. Du hast schon **drei Paar**.
Tu as des CD français?	J'**en** ai **beaucoup.** Ich habe **viele**.

Unterscheide:

– Tu cherches **le** tee-shirt jaune? / **ton** tee-shirt jaune? / **ce** tee-shirt jaune?
– Oui, mais je ne **le** trouve pas.
… ich finde **es** nicht. (= ein bestimmtes)

– Tu cherches **un** tee-shirt jaune? / **des** tee-shirts jaunes?
– Oui, mais je n'**en** trouve pas.
… ich finde keines (davon). (= Je ne trouve **pas de tee-shirt(s) jaune(s)**.)

27 Das Adjektiv
L'adjectif

27.1 Die Adjektive auf -eux
Les adjectifs en *-eux*

	masculin	féminin
singulier	danger**eux**	danger**euse**
pluriel	danger**eux**	danger**euses**

Adjektive, deren maskuline Form auf *-eux* endet, haben eine feminine Form auf *-euse*. Bei diesen Adjektiven haben maskulin Singular und maskulin Plural die gleiche Form.

→ S. 106/6: Du kennst außerdem die Adjektive *amoureux, curieux* und *malheureux*.

27.2 Die Adjektive beau und nouveau
Les adjectifs *beau* et *nouveau*

	maskulin		feminin
	vor Konsonant	vor Vokal	vor Konsonant und Vokal
Sg.	le **beau** jean le **nouveau** pull	le **bel** anorak le **nouvel** ami	la **belle** jupe la **nouvelle** école
Pl.	les **beaux** blousons les **nouveaux** pulls	les **beaux**‿anoraks les **nouveaux**‿amis	les **belles** jupes les **nouvelles**‿idées

Tu as un **bel anorak**.
Ton **anorak** est **beau**.

Bisher hast du Adjektive kennen gelernt, die im Singular eine Form *(drôle, serviable)* oder zwei Formen *(grand/e, petit/e)* haben. Mit *beau* und *nouveau* lernst du zwei Adjektive kennen, die im Singular **drei** Formen haben: zwei maskuline und eine feminine Form.
– *beau* und *nouveau* stehen vor maskulinen Nomen, die mit einem Konsonanten beginnen,
– *bel* und *nouvel* stehen vor maskulinen Nomen, die mit einem Vokal oder stummem *h-* beginnen,
– *belle* und *nouvelle* stehen vor allen femininen Nomen.
Im Plural haben diese Adjektive eine maskuline und eine feminine Form.

⚠ Die Formen *bel* und *nouvel* verwendest du nur direkt vor einem Nomen.

27.3 Die Adjektive auf -al
Les adjectifs en *-al*

	masculin	féminin
singulier	normal	normale
pluriel	norm**aux**	normales

Die meisten Adjektive auf *-al* bilden die maskuline Pluralform auf *-aux*. Die feminine Pluralform wird mit *-es* gebildet, so wie du es auch von den Adjektiven *grand* und *petit* kennst *(elles sont grandes/petites)*.

27.4 Die Stellung des Adjektivs
La place de l'adjectif

Elle aime les tee-shirts **bleus/verts/jaunes/noirs**.
Il lit des livres **français/allemands/anglais**.
C'est un livre **compliqué/facile/ intéressant**.
Ce sont des vêtements **moches/chers/super**.

Im Deutschen stehen Adjektive immer vor dem Nomen. Im Französischen dagegen stehen die meisten Adjektive hinter dem Nomen, zu dem sie gehören.

Miriam a une	**grande**	sœur
et un	**petit**	frère.
Nadia a une	**belle**	chambre
avec une	**nouvelle**	armoire.
Ils ont une	**jolie**	maison.
Henri est un	**bon**	élève.
Ils ont un	**jeune**	prof.
C'est une	**mauvaise**	idée.
Tu as une	**autre**	idée?

Nur diese häufig gebrauchten Adjektive stehen vor dem Nomen. Du musst diese Adjektive auswendig lernen.

Merke:
Vor dem Nomen stehen
grand, petit,
bon, joli,
autre, jeune,
mauvais und **beau,**
und als letztes noch
nouveau.

Yasmina a **des** bonnes idées.
Yasmina a **de** bonnes idées.

Steht das Adjektiv vor dem Nomen, kann der unbestimmte Artikel *des* zu *de* werden. Im gesprochenen Französisch ist *des* + Adjektiv + Nomen allerdings häufiger.

28 Das Verb
Le verbe

28.1 Die Verben auf -yer
Les verbes en *-yer*

	essayer
j'	essaie
tu	essaies
il/elle/on‿	essaie
nous‿	essayons
vous‿	essayez
ils/elles‿	essaient
Imperativ	Essaie. Essayons. Essayez.

Verben, die auf *-yer* enden, haben in den vier stammbetonten Formen *-i-* statt *-y-*. Nur die endungsbetonten Formen behalten das *-y-* des Stamms.
Payer wird wie *essayer* konjugiert.

28.2 Das unregelmäßige Verb mettre
Le verbe irrégulier *mettre*

je	mets
tu	mets
il/elle/on	met
nous	mettons
vous	mettez
ils/elles	mettent
Imperativ	Mets. Mettons. Mettez.

Mettre ist ein unregelmäßiges Verb, weil alle Singularformen nur mit einem *-t-* geschrieben werden.

28.3 Das unregelmäßige Verb boire
Le verbe irrégulier *boire*

je	bois
tu	bois
il/elle/on	boit
nous	buvons
vous	buvez
ils/elles	boivent
Imperativ	Bois. Buvons. Buvez.

Das Verb *boire* hat im Präsens zwei unregelmäßige Formen: Die 1. und 2. Person Plural haben statt *-oi-* den Vokal *-u-*.

28.4 Das unregelmäßige Verb savoir
Le verbe irrégulier *savoir*

je	**sais**
tu	**sais**
il/elle/on	**sait**
nous	savons
vous	savez
ils/elles	savent
Imperativ	**Sache**. **Sachons**. **Sachez**.

Das Verb *savoir* hat in den drei Singularformen den Stamm *-ai-* anstelle von *-av-*. Die Pluralformen werden regelmäßig gebildet.

29 Das direkte und das indirekte Objekt
L'objet direct et l'objet indirect

Subjekt	Verb	direktes Objekt
Il	cherche	**un pantalon noir.**
Elles	achètent	**le CD.**

Ein direktes Objekt heißt so, weil es direkt (das heißt ohne Präposition) an das Verb angeschlossen wird.

Subjekt	Verb	indirektes Objekt
Il	parle	**à ses parents.**
Elle	téléphone	**à sa copine.**
Ils	discutent	**de la classe de neige.**

Im Französischen gibt es auch Objekte, die mit einer Präposition an ein Verb angeschlossen werden. Diese Präposition kann *à* oder *de* sein. Diese Objekte heißen indirekte Objekte.

rencontrer qn	jdn treffen
entendre qn/qc	jdn/etw. hören
parler à qn	mit jdm sprechen
parler de qc/qn	über etw./jdn reden
discuter de qc	über etw. diskutieren

Ob ein Verb seine Ergänzung als direktes oder indirektes Objekt anschließt, findest du in den Wörterlisten von ***À plus!*** oder im Wörterbuch. Die Angabe *qn (= quelqu'un)* bedeutet, dass du ein Personenobjekt anschließen kannst, die Angabe *qc (= quelque chose)* bedeutet, dass du ein Sachobjekt anschließen kannst.

Je cherche **quelqu'un / quelque chose.**	direktes Objekt
Ich suche jemanden/etwas.	Akkusativobjekt
Il regarde **quelqu'un / quelque chose.**	direktes Objekt
Er sieht jemanden/etwas an.	Akkusativobjekt
Elle écoute **quelque chose.**	direktes Objekt
Sie hört etwas an.	Akkusativobjekt
Je réponds **à quelqu'un.**	indirektes Objekt
Ich antworte jemandem.	Dativobjekt
Elle parle **à quelqu'un.**	indirektes Objekt
Sie spricht mit jemandem.	Präposition + Dativ

Häufig entspricht ein französisches direktes Objekt einem Akkusativobjekt im Deutschen und ein französisches indirektes Objekt einem Dativobjekt im Deutschen.

Aber:	Il écoute quelqu'un.	direktes Objekt
	Sie hört jemandem zu.	⚠ Dativobjekt
	Ils aident quelqu'un.	direktes Objekt
	Sie helfen jemandem.	⚠ Dativobjekt
	Ils demandent à quelqu'un.	indirektes Objekt
	Sie fragen jemanden.	⚠ Akkusativobjekt

Aber einige Verben, die im Französischen ein direktes Objekt haben, haben im Deutschen ein Dativobjekt.
Und einige Verben, die im Französischen ein indirektes Objekt haben, haben im Deutschen ein Akkusativobjekt. Deshalb musst du die französischen Verben immer mit ihrem Anschluss lernen.

Grammatische Begriffe aus Unité 5 / Le vocabulaire grammatical de l'unité 5		
	der Demonstrativbegleiter	le déterminant démonstratif
	der Teilungsartikel	l'article partitif
	das Relativpronomen	le pronom relatif
	das direkte Objekt	l'objet direct
	das indirekte Objekt	l'objet indirect

AUF EINEN BLICK

Die Adjektive

Im Folgenden findest du eine Übersicht der Adjektivtypen, die du bisher kennen gelernt hast.

masculin		féminin	
grand	grands	grande	grandes
brun	bruns	brune	brunes
drôle	drôles	drôle	drôles
sympa	sympa	sympa	sympa
curieux	curieux	curieuse	curieuses
normal	normaux	normale	normales
bon	bons	bonne	bonnes
beau/bel	beaux	belle	belles
blanc	blancs	blanche	blanches
dernier	derniers	dernière	dernières
cher	chers	chère	chères
long	longs	longue	longues

Genaueres zu den Adjektiven findest du auf den Seiten 14–15, 31 und 38–39.

30 Die Ordnungszahlen
Les nombres ordinaux

1er	le premier /	11e	le/la onzième
1ère	la première	12e	le/la douzième
2e	le/la deuxième	13e	le/la treizième
3e	le/la troisième	14e	le/la quatorzième
4e	le/la quatrième	20e	le/la vingtième
5e	le/la cinquième	21e	le/la vingt et unième
6e	le/la sixième	30e	le/la trentième
7e	le/la septième	100e	le/la centième
8e	le/la huitième		
9e	le/la neuvième		
10e	le/la dixième		

Du bildest die Ordnungszahlen, indem du an die Grundzahl die Endung *-ième* anhängst.
Endet eine Grundzahl auf *-e* (z. B. *quatre, onze*), fällt dieses *-e* bei der Ordnungszahl weg.

⚠ Beachte: *cinq → cinquième*
neuf → neuvième
Ausnahme: *premier/première*

31 Das Verb
Le verbe

31.1 Die Verben auf -ir (Typ partir)
Les verbes en *-ir*

	partir
je	pars
tu	pars
il/elle/on	part
nous	partons
vous	partez
ils/elles	partent
Imperativ	Pars. Partons. Partez.
participe passé	parti

Die Verben *partir, sortir* und *dormir* enden im Singular auf *-s, -s, -t*. Sie verlieren in allen Singularformen den letzten Konsonanten des Stamms: Stamm *part-* wird zu *par-*, *sort-* zu *sor-*, *dorm-* zu *dor-*. Der Plural dieser Verben wird regelmäßig konjugiert.

31.2 Das unregelmäßige Verb courir
Le verbe irrégulier *courir*

je cour**s**
tu cour**s**
il/elle/on cour**t**
nous cour**ons**
vous cour**ez**
ils/elles cour**ent**
Imperativ Cours.
Courons.
Courez.
participe passé cour**u**

Courir hat dieselben Endungen wie die Verben auf *-ir*. Das *participe passé* endet auf *-u*.

⚠ Das *passé composé* von *courir* bildest du mit dem Hilfsverb *avoir* (*j'**ai** couru – ich **bin** gelaufen*).

31.3 Das unregelmäßige Verb venir
Le verbe irrégulier *venir*

je v**i**ens
tu v**i**ens
il/elle/on v**i**ent
nous venons
vous venez
ils/elles v**i**e**nn**ent
Imperativ V**i**ens.
Venons.
Venez.
participe passé ven**u**

Nur die endungsbetonten Formen des Verbs *venir* werden regelmäßig gebildet. Die stammbetonten Formen haben ein zusätzliches *-i-*, die 3. Person Plural schreibst du außerdem mit *-nn-*. Die Verben *devenir* und *revenir*, die von *venir* abgeleitet sind, werden genauso konjugiert.

31.4 Das unregelmäßige Verb devoir
Le verbe irrégulier *devoir*

je d**oi**s
tu d**oi**s
il/elle/on d**oi**t
nous devons
vous devez
ils/elles d**oi**vent
participe passé d**û**

Das Verb *devoir* hat in den drei Singularformen und der 3. Person Plural im Stamm *-oi-* anstelle von *-e-*. Nur die beiden endungsbetonten Formen werden regelmäßig gebildet.

31.5 Das passé composé
Le passé composé

Die Bildung des passé composé
La formation du passé composé

	mit avoir			mit être	
j'	ai	trouvé	je	suis	sorti/sortie
tu	as	trouvé	tu	es	sorti/sortie
il	a	trouvé	il	est	sorti
elle	a	trouvé	elle	est	sortie
on	a	trouvé	on	est	sortis/sorties
nous	avons	trouvé	nous	sommes	sortis/sorties
vous	avez	trouvé	vous	êtes	sorti/sortie/sortis/sorties
ils	ont	trouvé	ils	sont	sortis
elles	ont	trouvé	elles	sont	sorties

Das *passé composé* wird genauso wie das Perfekt im Deutschen gebildet: Mit der Präsensform eines Hilfsverbs *(verbe auxiliaire)* und dem Partizip Perfekt *(participe passé)* eines Verbs. Die beiden Hilfsverben für das *passé composé* sind *avoir* und *être*. Die meisten französischen Verben bilden das *passé composé* mit dem Hilfsverb *avoir*.

passé composé: Hilfsverb **avoir** / **être** + *participe passé*

Außerdem: „devenir"

Nur einige Verben haben im *passé composé* das Hilfsverb *être*. Von diesen Verben kennst du schon zwölf. Die musst du auswendig lernen.

Das Hilfsverb **être** nehmen wir
bei **sortir, partir, venir.**
Außerdem **rester, rentrer,**
und **aller, passer, entrer.**
Fehlen noch **tomber, monter**
sowie **descendre, arriver.**

Im *passé composé* mit *être* ist das Partizip veränderlich. Es wird wie ein Adjektiv in Genus und Numerus dem Subjekt angeglichen: An die feminine Singularform wird ein *-e* angehängt, an die maskuline Pluralform ein *-s* und an die feminine Pluralform *-es*. Bezieht sich das Partizip zugleich auf männliche und weibliche Personen oder Sachen, benutzt du die maskuline Pluralform des Partizips. Das kennst du schon von den Adjektiven.

🕮 → S.124/3a: Wenn ein Verb im *passé composé* das Hilfsverb *être* hat, musst du das Partizip des Verbs seinem Subjekt angleichen.

🕮 → S.124/3b:
1. Person Plural: *allés* bezieht sich auf eine männliche oder eine gemischte (männlich-weibliche) Gruppe; *allées* bezieht sich auf eine weibliche Gruppe.
2. Person Plural: *allé* bezieht sich auf eine männliche Person, die du siezt; *allée* bezieht sich auf eine weibliche Person, die du siezt; *allés* bezieht sich auf mehrere männliche oder männliche und weibliche Personen, die du siezt oder duzt; *allées* bezieht sich auf mehrere weibliche Personen, die du siezt oder duzt.

Beim *passé composé* mit **être** gilt:
Das Partizip wird dem Subjekt angeglichen.

Ils **ont** été à Paris. Sie **sind** in Paris gewesen.

Das *passé composé* des Verbs *être* wird mit *avoir* gebildet.

Das Partizip Perfekt
Le participe passé

Verben auf -er

Das Partizip der Verben auf *-er* endet auf *-é*.

regarder → regard**é**
acheter → achet**é**

Verben auf -dre

Das Partizip der Verben auf *-dre* endet auf *-u*.

attendre → attend**u**
entendre → entend**u**
perdre → perd**u**
répondre → répond**u**

Verben auf -ir (Typ partir)

Das Partizip der Verben auf *-ir* (Typ *partir*) endet auf *-i*.

partir → part**i**
sortir → sort**i**
dormir → dorm**i**

Unregelmäßige Verben

Die meisten unregelmäßigen Verben haben auch unregelmäßige Partizipien. Die musst du auswendig lernen.

avoir → eu	prendre → pris
être → été	apprendre → appris
faire → fait	comprendre → compris
aller → allé	
mettre → mis	offrir → offert
dire → dit	ouvrir → ouvert
écrire → écrit	
boire → bu	vouloir → voulu
voir → vu	courir → couru
lire → lu	venir → venu
pouvoir → pu	devoir → dû
savoir → su	

31.6 Die Verneinung in Sätzen mit dem passé composé
La négation dans les phrases avec le passé composé

Les élèves ont discuté avec leur prof.	Les élèves **n'**ont **pas** discuté avec leur prof.
La balle est tombée.	La balle **n'**est **pas** tombée.
Lila a vu Jérémie.	Lila **ne** l'a **plus** vu.

Die Verneinungswörter *ne ... pas/plus* umschließen im *passé composé* nur das konjugierte Verb (= das Hilfsverb).

📖 → S. 125/5: Die Verneinungswörter *ne* und *pas* umschließen im *passé composé* nur das Hilfsverb.

6

31.7 Die Wortstellung in Sätzen mit dem passé composé
L'ordre des mots dans les phrases avec le passé composé

Subjekt	Objekt-pronomen	Hilfsverb	Adverb	Partizip Perfekt	Ergänzung
Julie		a		lu	le livre.
Hugo	l'	a	aussi	lu.	
Lilli	ne l'	a pas	lu.		
Elle		n'a pas	beaucoup	travaillé	pour l'école.

In Sätzen mit dem *passé composé* gilt:

– Ergänzungen stehen nach dem Partizip,

– Objektpronomen stehen vor dem Hilfsverb,

– die Verneinung umschließt nur das Hilfsverb und das Objektpronomen,

– einige häufig verwendete Adverbien (z. B. *aussi, bien, beaucoup, encore, souvent, toujours, vite*) stehen zwischen Hilfsverb und Partizip.

Grammatische Begriffe aus Unité 6
Le vocabulaire grammatical de l'unité 6

die Ordnungszahl/en	le/s nombre/s ordinal/-aux
die zusammengesetzte Vergangenheit	le passé composé
das Partizip Perfekt	le participe passé
das Hilfsverb	le verbe auxiliaire
die Angleichung des Partizips	l'accord du participe
die Wortstellung	l'ordre des mots

C'est les vacances!

32 Das Pronomen
Le pronom

32.1 Das indirekte Objektpronomen
Le pronom d'objet indirect

Jonathan cherche Camille mais il ne **la** trouve pas.
Ils ont tout expliqué **à Chaipas**.

Du kennst schon die direkten Objektpronomen, mit denen du direkte Objekte ersetzt (→ S. 29). Und du kennst schon indirekte Objekte, die mit einer Präposition an ein Verb angeschlossen werden (→ S. 41).

Tu	**m'**	achètes une bédé?
	mir	acheter qc à qn
Non, je	**t'**	ai déjà offert un livre.
	dir	offrir qc à qn
Les amis de David	**lui**	écrivent souvent.
	ihm	écrire à qn
Je	**lui**	rapporte des boucles d'oreilles.
	ihr	rapporter qc à qn
On ne	**nous**	demande pas notre avis.
	uns	demander qc à qn
Je	**vous**	propose des gâteaux.
	euch/Ihnen	proposer qc à qn
Mme Gloesener	**leur**	raconte l'histoire.
	ihnen	raconter qc à qn

Hier lernst du die indirekten Objektpronomen kennen, mit denen du indirekte Objekte ersetzen kannst. Sie stehen wie die direkten Objektpronomen vor dem Verb. Auch die indirekten Objektpronomen *me* und *te* werden vor einem Verb, das mit einem Vokal oder einem stummen *h*- beginnt, apostrophiert.

direkte Objektpronomen	indirekte Objektpronomen
me	me
te	te
le, **la**	**lui**
nous	nous
vous	vous
les	**leur**

Die direkten und die indirekten Objektpronomen unterscheiden sich nur in der 3. Person Singular und Plural voneinander.

In einem Satz mit *futur composé* oder mit einem Modalverb stehen die Objektpronomen vor dem Infinitiv.

Ce sont **leurs** chiens.

Ils **leur** donnent de l'eau.

⚠ Verwechsle nicht *leur/leurs* (Possessivbegleiter, → S. 13–14) mit *leur* (indirektes Objektpronomen). Die Possessivbegleiter stehen vor einem Nomen. Das indirekte Objektpronomen steht vor einem Verb und hat nie ein *-s*.

📖 → S. 146/4: Nur die Formen der 3. Person Singular *(le/la – lui)* und der 3. Person Plural *(les – leur)* unterscheiden sich.

32.2 Die Stellung mehrerer Pronomen im Satz
La place de plusieurs pronoms dans la phrase

Tu as vu les photos de mes vacances? Je **te les** montre.
Ich zeige **sie dir**.

Wie im Deutschen können auch im Französischen zwei Objektpronomen bei einem Verb stehen. Im Französischen stehen beide Pronomen vor dem Verb.

Die Reihenfolge, in der die Pronomen vor dem Verb stehen, ist allerdings in den meisten Fällen eine andere als im Deutschen.

Regarde cette bédé.	Tu	**me**	**l'**	achètes?
	Non, je ne	**te**	**l'**	achète pas.
On peut écouter le CD de Jérémie?	Non, il ne	**nous**	**le**	donne pas.
Cette glace est pour ta sœur?	Tu	**la**	**lui**	donnes, s'il te plaît.
Ce sont les cadeaux pour Lila et Yasmina.	On va	**les**	**leur**	donner demain.
Vous voulez des glaces?	On va	**vous**	**en**	acheter.

– Die indirekten Objektpronomen *me, te, nous, vous* stehen **vor** den direkten Objektpronomen *le, la, les* – das ist anders als im Deutschen.

– Die indirekten Pronomen *lui* und *leur* stehen aber **hinter** den direkten Pronomen *le, la, les* – das ist wie im Deutschen.

– Das Pronomen *en* steht immer hinter dem Objektpronomen.

indirektes Objektpronomen	direktes Objektpronomen
me	**le**
te	**la**
nous	**les**
vous	

direktes Objektpronomen	indirektes Objektpronomen
le	**lui**
la	**leur**
les	

33 Das Verb
Le verbe

33.1 Das futur composé
Le futur composé

Je		**vais**		**regarder**	la télé ce soir.
Tu		**vas**	la	**regarder**	aussi?
Elle	ne	**va**	pas	**écrire**	cette lettre.
Qu'est-ce qu'on		**va**		**faire**	demain?
En été, nous		**allons**		**passer**	quinze jours à Brest.
Vous		**allez**		**visiter**	Vannes?
Ils		**vont**		**aller**	en Bretagne.

Das *futur composé* bildest du mit einer Präsensform des Verbs *aller* und dem Infinitiv eines Verbs. Die Verneinungswörter *(ne ... pas/plus)* schließen nur die konjugierte Form von *aller* ein. Der Infinitiv steht hinter *pas/plus*. Die Objektpronomen stehen vor dem Infinitiv.

futur composé:
- Präsensform von **aller** (+ Objektpronomen) + Infinitiv
- **ne** + Präsensform von **aller** + **pas** (+ Objektpronomen) + Infinitiv

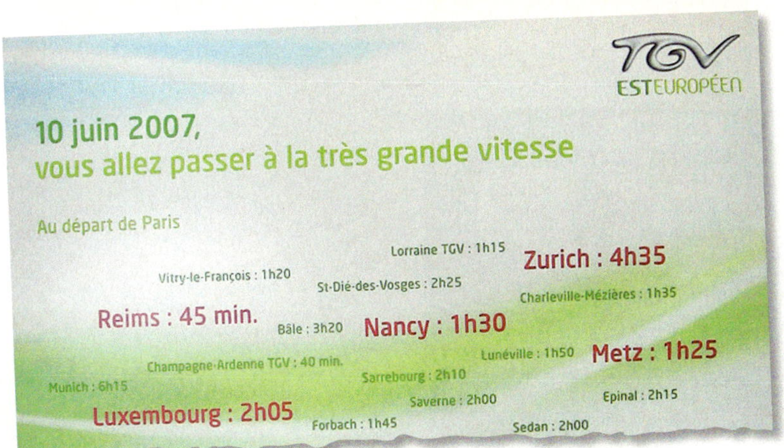

→ S. 145/3: Die Verneinungswörter umschließen nur die konjugierte Form von *aller*. Der Infinitiv steht außerhalb der Verneinungsklammer.
Die Pronomen stehen direkt vor dem Infinitiv.

34 Die Frage
L'interrogation

34.1 Die Frage mit qu'est-ce qui? und qu'est-ce que?
L'interrogation avec *qu'est-ce qui?* et *qu'est-ce que?*

Qu'est-ce que tu lis? Je lis **des poèmes de Victor Hugo**.

Qu'est-ce qui est différent en France et en Allemagne?
Qu'est-ce qui intéresse les élèves?
Qu'est-ce qui l'intéresse?

Das **que** am Anfang der Frage zeigt an, dass du nach Sachen fragst. →

- **Qu'est-ce** **que** ...? ← Das **que** am Ende der Frage zeigt an, dass du nach dem **Objekt** fragst.
- **Qu'est-ce** **qui** ...? ← Das **qui** am Ende der Frage zeigt an, dass du nach dem **Subjekt** fragst.

Wenn es in der Frage schon ein Subjekt gibt, nimmst du das Fragewort *qu'est-ce que*. Gibt es kein Subjekt, nimmst du das Fragewort *qu'est-ce qui*, weil es das Subjekt des Fragesatzes ist.

Qu'est-ce qui + (Objektpronomen) + Verb
Qu'est-ce que + Subjekt + Verb

se passer passieren, vorgehen

Du kennst schon die Frage mit *qu'est-ce que?*, mit der du nach Sachen fragst, die Objekt eines Satzes sind.

Sachen können aber auch Subjekt eines Satzes sein. Nach Sachen, die Subjekt eines Satzes sind, fragst du mit *qu'est-ce qui? Qu'est-ce qui* ist das Subjekt des Fragesatzes, deshalb folgt auf *qu'est-ce qui* ein Verb. Auf *qu'est-ce que* dagegen folgt das Subjekt des Fragesatzes.

Beide Fragewörter werden mit *Was?* ins Deutsche übersetzt. Der Unterschied zwischen den beiden Fragewörtern besteht nur in dem *qui* oder dem *que* am Ende.

→ S.146/5: *Qu'est-ce que* ist Objekt des Fragesatzes. *Qu'est-ce qui* ist Subjekt des Fragesatzes. Beide entsprechen dem deutschen Fragewort *was*.
1. *Qu'est-ce que tu dis?* 2. *Qu'est-ce qui compte dans la vie?* 3. *Qu'est-ce que tu as lu?*

34.2 Die indirekte Frage
L'interrogation indirecte

Lou: «**Quand est-ce qu'**on va rentrer?»	Lou veut savoir **quand** ils vont rentrer.
Yasmina demande à Jérémie: «**Pourquoi est-ce que** tu as peur?»	Yasmina demande à Jérémie **pourquoi** il a peur.
Jérémie se demande: «**Comment est-ce que** je peux retrouver Lou?»	Jérémie se demande **comment** il peut retrouver Lou.
Jérémie demande à Yasmina: « **Est-ce que** tu as eu ma carte postale?»	Jérémie demande à Yasmina **si** elle a eu sa carte postale.
M. Gloesener demande à Lou: «**Qu'est-ce que** tu veux faire?»	M. Gloesener demande à Lou **ce qu'**elle veut faire.
M. Laval: «**Qu'est-ce qui** intéresse les élèves?»	M. Laval veut savoir **ce qui** intéresse les élèves.

Wenn du wiedergeben willst, was eine Person gefragt hat, verwendest du nicht die direkte (wörtliche) Frage, sondern die indirekte Frage.
Die indirekte Frage beginnst du mit einem Verb der Redeeinleitung *(demander, vouloir savoir)* und der Konjunktion *si* oder dem Fragewort der direkten Frage *(Pourquoi? Comment?* etc.*)*.

Aber: Das *Qu'est-ce que?* der direkten Frage ersetzt du in der indirekten Frage durch *ce que*. *Qu'est-ce qui?* ersetzt du in der indirekten Frage durch *ce qui*.

⚠ *Est-ce que* wird in der indirekten Frage nie verwendet.

s'il
s'ils

aber:

si elle
si elles
si on

⚠ Vor *il* und *ils* wird die Konjunktion *si* apostrophiert, vor *elle, elles* und *on* jedoch nicht.

Jérémie demande à Lila: «Est-ce que **tu as** vu **ma** sœur?»	Jérémie demande à Lila si **elle a** vu **sa** sœur.

⚠ Vergiss nicht in der indirekten Rede die Pronomen, Verben und Begleiter der veränderten Sprecherperspektive anzupassen.

7

Grammatische Begriffe aus Unité 7 Le vocabulaire grammatical de l'unité 7		
	das zusammengesetzte Futur	le futur composé
	das indirekte Objektpronomen	le pronom d'objet indirect
	die indirekte Frage	l'interrogation indirecte
	die Konjunktion	la conjonction

ANNEXE

35 Aussprache
La prononciation

35.1 Buchstaben und Laute
Les lettres et les sons

-e-: [ə], [e] oder [ɛ]?

	Schreibung		Aussprache
le, de, regarder	e	[ə]	wie in Kabel
écouter, école	é	[e]	wie in See
mère, père	è	[ɛ]	wie in Welt, Ente
être, rêver, fête	ê	[ɛ]	wie in Welt, Ente

⚠ Zwischen *-è-* und *-ê-* gibt es keinen Unterschied in der Aussprache.

-c-: [k] oder [s]?

cadeau, collège, cuisine
c'est, centime, cerise, cinéma
français, ça, garçon

Vor *-a, -o, -u* wird *-c-* wie [k] gesprochen,
vor *-e, -i* wird *-c-* wie [s] gesprochen.
Soll ein *-c-* vor *-a* oder *-o* doch wie ein [s] gesprochen werden, erhält es eine *cédille*: *-ç-*.

-g-: [g] oder [ʒ]?

gare, gagner, goût
géo, âge, région, technologie
nous man**ge**ons
nous ran**ge**ons
ba**gu**ette, **gu**itare

-g- wird vor *-a, -o, -u* wie [g] gesprochen,
-g- wird vor *-e* und *-i* wie [ʒ] gesprochen.
Soll ein *-g-* vor *-a* oder *-o* doch wie [ʒ] gesprochen werden, schreibt man *-ge-*.
Soll ein *-g-* vor *-e* oder *-i* doch [g] gesprochen werden, schreibt man *-gu-*.

-h-: *h- muet* oder *h- aspiré*?

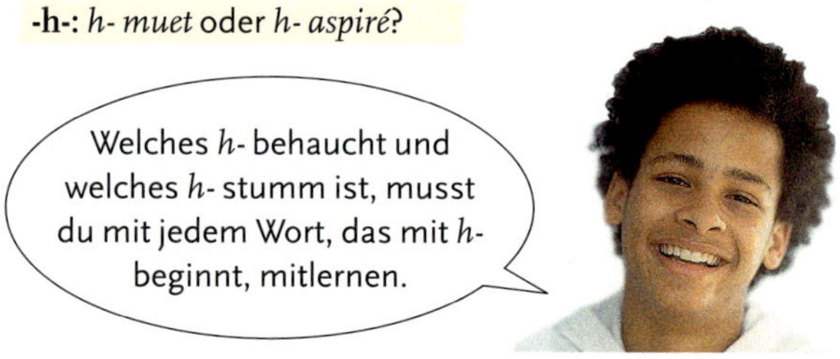

Im Französischen gibt es zwei *h-:* das ***h- muet*** (stummes *h-*) und das ***h- aspiré*** (behauchtes *h-*).
Beide werden nicht ausgesprochen. Französische Wörter, die mit *h-* beginnen, werden so ausgesprochen, als würde das Wort mit dem folgenden Vokal beginnen: *habiter* [abite], *hôtel* [otɛl]. Trotzdem gibt es Unterschiede!

l'homme, l'heure
j'habite
mon‿histoire
cet‿homme
les‿hôtels, des‿hôtels

Ein *h- muet* (stummes *h-*) behandelst du wie einen Vokal:
Vor einem stummen *h-*
- apostrophierst du den bestimmten Artikel,
- apostrophierst du *je*,
- verwendest du vor femininen Nomen *mon* (nicht *ma*),
- verwendest du vor maskulinen Nomen *cet* (nicht *ce*).
- Und du bindest das *-s* von *les* und *des* mit dem Vokal (→ S. 55, Die liaison).

le handball [ləɑ̃dbal]
le héros [ləeʀo]

Ein *h- aspiré* behandelst du dagegen wie einen Konsonanten.
Vor einem Nomen, das mit *h- aspiré* beginnt, verwendest du *le* und *la*, nicht *l'*.

35.2 Die liaison
La liaison

Um zu vermeiden, dass beim Aussprechen zwei Vokale zusammentreffen, wird im Französischen die *liaison* gemacht: Der Endkonsonant eines Wortes, der sonst stumm ist, wird ausgesprochen und mit dem Anfangsvokal des folgenden Wortes gebunden.
Häufig ist dieser Endkonsonant ein *-s*, das stimmhaft ausgesprochen wird: [z]. Aber auch andere Endkonsonanten werden in der *liaison* hörbar.
Wenn ein Wort mit einem *h- muet* (→ S. 54) beginnt, wird es so behandelt, als ob es mit einem Vokal beginnen würde *(un‿hôtel)*. Vor *h- aspiré* (→ S. 54) macht man keine *liaison*.

Im Folgenden findest du die häufigsten Fälle der *liaison*:

Begleiter + Nomen

les‿ordinateurs [lezɔʀdinatœʀ], des‿écoles [dezekɔl],
un‿hôtel [ɛ̃notɛl], ces‿amies [sezami],
mon‿ordinateur [mɔnɔʀdinatœʀ], mes‿affaires [mezafɛʀ],
leurs‿enfants [lœrzɑ̃fɑ̃]

Adjektiv + Nomen

un petit‿ami [ɛ̃pətitami], un bon‿élève [ɛ̃bɔnelɛv],
des beaux‿animaux [debozanimo], des bons‿élèves
[debɔ̃zelɛv], des nouvelles‿armoires [denuvɛlzaʀmwaʀ]

Personalpronomen + Verb

on‿attend [ɔnatɑ̃], nous‿aimons [nuzɛmɔ̃],
vous‿organisez [vuzɔʀganize], ils‿écoutent [ilzekut],
elles‿embrassent [ɛlzɑ̃bʀas]

Objektpronomen + Verb

je vous‿entends [ʒəvuzɑ̃tɑ̃], il nous‿écoute [ilnuzekut],
on les‿adore [ɔ̃lezadɔʀ]

36 Das Verb
Le verbe

36.1 Verbarten
Les types de verbes

parler	Je **parle**.
sortir	Il **sort**.
avoir	Elle **a** un chien.
être	Je **suis** à Paris.
aller	Ils **vont** au cinéma.

In ***À plus!* 1 Méthode intensive** hast du Vollverben und Hilfsverben kennen gelernt.
Vollverben drücken eine Handlung oder einen Zustand aus.
Être, avoir und *aller* sind Voll- und Hilfsverben.

avoir	J' **ai** parlé.
être	Elle **est** partie.
aller	Il **va** partir.

Im Französischen gibt es drei **Hilfsverben**. Mit den Hilfsverben bildest du die zusammengesetzten Zeiten *(passé composé* und *futur composé)*.

36.2 Die Formen des Verbs
Les formes du verbe

Nichtkonjugierte Verbformen

regarder
attendre
sortir
avoir
être

Der **Infinitiv** ist die Grundform des Verbs. Im Wörterbuch steht ein Verb im Infinitiv. An der Endung des Infinitivs kannst du häufig erkennen, zu welcher Konjugationsgruppe ein Verb gehört, z. B. zu den Verben auf *-er* oder *-dre*.

Ils ont **mangé**.
J'ai **attendu**.
Elle est **partie**.

Das **Partizip Perfekt** *(le participe passé)* verwendest du zur Bildung des *passé composé*. Es besteht aus einem Stamm und einer Endung (→ S. 47).

Konjugierte Verbformen

	Stamm	Endung
tu	regard	-es
ils	regard	-ent

Jedes Verb kommt in unterschiedlichen Formen vor. Es wird konjugiert. Die konjugierten Verbformen bestehen aus Stamm und Endung. Die Endung zeigt die Person und das Tempus an.

je regard **-e**
tu regard **-es**
il/elle/on regard **-e**
ils/elles regard **-ent**

Es gibt stammbetonte und endungsbetonte Verbformen. Die Endungen der 1., 2., 3. Person Singular und der 3. Person Plural werden nicht ausgesprochen. Diese Verbformen sind **stammbetont**.

nous regard **-ons**
vous regard **-ez**

Die Endungen der 1. und 2. Person Plural werden ausgesprochen. Diese beiden Verbformen sind **endungsbetont**.

37 Die Konjugation der Verben
La conjugaison des verbes

37.1 Die Verben être und avoir
Les verbes *être* et *avoir*

	être		**avoir**
je	suis	j'	ai
tu	es	tu	as
il/elle/on	est	il/elle/on	a
nous	sommes	nous	avons
vous	êtes	vous	avez
ils/elles	sont	ils/elles	ont
impératif	Sois.	*impératif*	Aie.
	Soyons.		Ayons.
	Soyez.		Ayez.
participe passé	été	*participe passé*	eu

37.2 Die regelmäßigen Verben auf -er
Les verbes réguliers en *-er*

	parler
je	parle
tu	parles
il/elle/on	parle
nous	parlons
vous	parlez
ils/elles	parlent
impératif	Parle.
	Parlons.
	Parlez.
participe passé	parlé

⚠ Die folgenden Verben auf *-er* haben jeweils eine Besonderheit in der Schreibung:

	acheter		**manger**		**commencer**
j'	achète	je	mange	je	commence
tu	achètes	tu	manges	tu	commences
il/elle/on	achète	il/elle/on	mange	il/elle/on	commence
nous	achetons	nous	mangeons	nous	commençons
vous	achetez	vous	mangez	vous	commencez
ils/elles	achètent	ils/elles	mangent	ils/elles	commencent
impératif	Achète.	*impératif*	Mange.	*impératif*	Commence.
	Achetons.		Mangeons.		Commençons.
	Achetez.		Mangez.		Commencez.
participe passé	acheté	*participe passé*	mangé	*participe passé*	commencé
ebenso:	amener, se lever	*ebenso:*	ranger, nager, changer, échanger, encourager, s'engager	*ebenso:*	recommencer, avancer

	préférer		**payer**		**s'appeler**
je	préfère	je	paie	je	m'appelle
tu	préfères	tu	paies	tu	t'appelles
il/elle/on	préfère	il/elle/on	paie	il/elle/on	s'appelle
nous	préférons	nous	payons	nous	nous appelons
vous	préférez	vous	payez	vous	vous appelez
ils/elles	préfèrent	ils/elles	paient	ils/elles	s'appellent
impératif	Préfère.	*impératif*	Paie.	*impératif*	–
	Préférons.		Payons.		
	Préférez.		Payez.		
participe passé	préféré	*participe passé*	payé	*participe passé*	appelé
ebenso:	régler, exagérer	*ebenso:*	envoyer, essayer, nettoyer		

37.3 Die regelmäßigen Verben auf -dre
Les verbes réguliers en *-dre*

	attendre
j'	attends
tu	attends
il/elle/on	attend
nous	attendons
vous	attendez
ils/elles	attendent
impératif	Attends.
	Attendons.
	Attendez.
participe passé	attendu
ebenso:	répondre, entendre, perdre, tendre, rendre, descendre

37.4 Die unregelmäßigen Verben
Les verbes irréguliers

	aller		**boire**		**courir**
je	vais	je	bois	je	cours
tu	vas	tu	bois	tu	cours
il/elle/on	va	il/elle/on	boit	il/elle/on	court
nous	allons	nous	buvons	nous	courons
vous	allez	vous	buvez	vous	courez
ils/elles	vont	ils/elles	boivent	ils/elles	courent
impératif	Va.	*impératif*	Bois.	*impératif*	Cours.
	Allons.		Buvons.		Courons.
	Allez.		Buvez.		Courez.
participe passé	allé	*participe passé*	bu	*participe passé*	couru

	devoir		**dire**		**écrire**
je	dois	je	dis	j'	écris
tu	dois	tu	dis	tu	écris
il/elle/on	doit	il/elle/on	dit	il/elle/on	écrit
nous	devons	nous	disons	nous	écrivons
vous	devez	vous	dites	vous	écrivez
ils/elles	doivent	ils/elles	disent	ils/elles	écrivent
impératif	–	*impératif*	Dis.	*impératif*	Écris.
			Disons.		Écrivons.
			Dites.		Écrivez.
participe passé	dû	*participe passé*	dit	*participe passé*	écrit

	faire
je	fais
tu	fais
il/elle/on	fait
nous	faisons
vous	faites
ils/elles	font
impératif	Fais.
	Faisons.
	Faites.
participe passé	fait

	lire
je	lis
tu	lis
il/elle/on	lit
nous	lisons
vous	lisez
ils/elles	lisent
impératif	Lis.
	Lisons.
	Lisez.
participe passé	lu

	mettre
je	mets
tu	mets
il/elle/on	met
nous	mettons
vous	mettez
ils/elles	mettent
impératif	Mets.
	Mettons.
	Mettez.
participe passé	mis

	offrir
j'	offre
tu	offres
il/elle/on	offre
nous	offrons
vous	offrez
ils/elles	offrent
impératif	Offre.
	Offrons.
	Offrez.
participe passé	offert
ebenso:	ouvrir

	partir
je	pars
tu	pars
il/elle /on	part
nous	partons
vous	partez
ils/elles	partent
impératif	Pars.
	Partons.
	Partez.
participe passé	parti
ebenso:	sortir, dormir

	pouvoir
je	peux
tu	peux
il/elle/on	peut
nous	pouvons
vous	pouvez
ils/elles	peuvent
impératif	–
participe passé	pu

	prendre
je	prends
tu	prends
il/elle/on	prend
nous	prenons
vous	prenez
ils/elles	prennent
impératif	Prends.
	Prenons.
	Prenez.
participe passé	pris
ebenso:	apprendre, comprendre

	savoir
je	sais
tu	sais
il/elle/on	sait
nous	savons
vous	savez
ils/elles	savent
impératif	Sache.
	Sachons.
	Sachez.
participe passé	su

	venir
je	viens
tu	viens
il/elle/on	vient
nous	venons
vous	venez
ils/elles	viennent
impératif	Viens.
	Venons.
	Venez.
participe passé	venu
ebenso:	devenir, revenir

	voir
je	vois
tu	vois
il/elle/on	voit
nous	voyons
vous	voyez
ils/elles	voient
impératif	Vois.
	Voyons.
	Voyez.
participe passé	vu

	vouloir
je	veux
tu	veux
il/elle/on	veut
nous	voulons
vous	voulez
ils/elles	veulent
impératif	–
participe passé	voulu

38 Die Präpositionen
Les prépositions

In ***À plus!* 1 Méthode intensive** hast du folgende Präpositionen kennen gelernt:

38.1 Präpositionen zur Angabe des Ortes
Les prépositions de lieu

aller	**à**	la gare	zum Bahnhof
	à	Lyon	nach Lyon
	à	la maison	nach Hause
	à	l'école	in die Schule
	à	droite/gauche	nach rechts/links
	au	cinéma	ins Kino
	chez	Lila	zu Lila
	vers	la gare	in Richtung Bahnhof
être	**à**	Paris	in Paris
	à	la gare	am Bahnhof
	à	la maison	zu Hause
	au	lit	im Bett
	chez	Lila	bei Lila
	dans	la chambre	im Zimmer
	de	Genève	aus Genf
	devant	la tour	vor dem Hochhaus
	derrière	la maison	hinter dem Haus
	en	quatrième	in der 8. Klasse
	en	Allemagne	in Deutschland
	en face de	la maison	gegenüber dem Haus
	entre	Paris et Lyon	zwischen Paris und Lyon
	près de	Paris	in der Nähe von Paris
	sous	l'armoire	unter dem Schrank
	sur	le balcon	auf dem Balkon

38.2 Präpositionen zur Angabe der Zeit
Les prépositions de temps

à	deux heures	um zwei Uhr
à	demain	bis morgen
après	le dîner	nach dem Abendessen
avant	le cours de guitare	vor der Gitarrenstunde
dans	deux semaines	in zwei Wochen
de	10 heures ...	von 10 Uhr ...
... à	13 heures	... bis 13 Uhr
en	ce moment	im Augenblick/Moment
en	2007	2007
en	une minute	in einer Minute
il y a	dix minutes	vor 10 Minuten
jusqu'à	cinq heures	bis 5 Uhr
pendant	les cours	während des Unterrichts

38.3 Andere Präpositionen
Autres prépositions

à	pied	zu Fuß
avec	Yasmina	mit Yasmina
de	David	von David
en	géographie	in Erdkunde
pour	Camille	für Camille
sans	Jonathan	ohne Jonathan

39 Liste der grammatischen Begriffe
Liste des expressions grammaticales

In dieser Liste findest du alle Begriffe wieder, die im Grammatikheft von ***À plus!* 1 Méthode intensive** verwendet werden. Die Zahlen in Klammern geben dir den Abschnitt und die Seite an, auf der du ausführliche Erklärungen zu den Begriffen findest. Suchst du einen Begriff, der aus einem Nomen und einem anderen Wort besteht, musst du unter dem Nomen nachsehen. Erklärungen zum bestimmten Artikel findest du also unter: Artikel, bestimmter.

Adjektiv
(un adjectif). Adjektive werden den Nomen, zu denen sie gehören, angeglichen. (7, S. 14–15) Die meisten französischen Adjektive stehen hinter dem Nomen, nur wenige stehen davor. (27.4, S. 39)

Akzent
(un accent). Im Französischen gibt es drei Akzente, die über einem Vokal stehen können: *é (accent aigu), è (accent grave), ê (accent circonflexe)*. (35.1, S. 54)

Apostroph
(une apostrophe). Zeigt an, dass an dieser Stelle ein Vokal ausgelassen wurde: *l'armoire; j'habite; c'est; elle m'écoute.*

Artikel, bestimmter
(un article défini). Im Französischen gibt es zwei bestimmte Artikel für den → Singular: *le* (→ maskulin) und *la* (→ feminin). Der bestimmte Artikel im → Plural ist *les*. Einen Artikel neutrum gibt es im Französischen nicht. (1.1, S. 7)

Artikel, unbestimmter
(un article indéfini). Im Französischen gibt es zwei unbestimmte Artikel im → Singular: *un* (→ maskulin) und *une* (→ feminin). *Un* und *une* haben eine gemeinsame Pluralform: *des*, die es im Deutschen nicht gibt. *Des livres.* / *Bücher.* (1.2, S. 8)

Artikel, zusammengezogener
(un article contracté). Die → bestimmten Artikel *le* und *les* werden mit den → Präpositionen *à* und *de* zusammengezogen: *à + le = au; à + les = aux; de + le = du; de + les = des.* (5, S. 13 und 19, S. 28)

Aussagesatz
(la phrase déclarative). Die Wortstellung im Aussagesatz ist: Subjekt – Verb – Objekt. *Elles écoutent un CD.* Ein französischer Aussagesatz wird mit fallender → Intonation gesprochen. (4.1, S. 11)

Begleiter
(le déterminant), ein Wort, das → Nomen näher bestimmt. Es gibt verschiedene Begleiter: → bestimmter Artikel, → unbestimmter Artikel, → Possessivbegleiter, → Demonstrativbegleiter, → Fragebegleiter.

Demonstrativbegleiter
(le déterminant démonstratif). Weist auf eine bestimmte Person oder Sache hin: ***ce** livre* / *dieses Buch;* ***cette** maison* / *dieses Haus;* ***cet** élève* / *dieser Schüler;* ***ces** films* / *diese Filme.* (25.1, S. 34)

direkte Rede
(le discours direct), wörtliche Wiedergabe einer Äußerung. *Paul: «J'aime la musique.»*

Endung
(la terminaison), Teil eines Wortes, der an dessen → Stamm angefügt wird: *les amis* (Endung *-s* für den Plural); *elle est grande* (Endung *-e* für die feminine Form). Bei Verben zeigt die Endung an, in welcher Person und welchem Tempus ein Verb verwendet wird: *nous regardons* (1. Person Plural Präsens). (36.2, S. 56)

Ergänzung
(le complément), Satzteil, der eine Ergänzung zum Verb darstellt. Es gibt verschiedene Ergänzungen: → direktes Objekt, → indirektes Objekt, Ortsangabe.

feminin
(féminin) → Genus

Frage/Fragesatz
(une interrogation). Es gibt mehrere Möglichkeiten, einen Fragesatz zu bilden: die → Intonationsfrage (4.2, S. 11), die Frage mit *est-ce que* (10.1, S. 18) und die Frage mit → Fragewort (16, S. 26).

Fragebegleiter
(le déterminant interrogatif). Mit dem → Begleiter *quel?* kannst du nähere Informationen zu einem → Nomen erfragen. *Quel* wird dem Nomen angeglichen, vor dem es steht: ***Quelle** maison? / Welches Haus?; **Quels** livres? / Welche Bücher?* (18, S. 27)

Frage, indirekte
(une interrogation indirecte). Indirekte Fragen leitest du mit einem Verb der Redeeinleitung ein (z. B. *demander, vouloir savoir*) und mit dem Fragewort der direkten Frage, der Konjunktion *si* oder *ce qui / ce que* (34.2, S. 53).

Fragewort
(le pronom interrogatif). Wort, das eine Frage einleitet, z. B. ***qui?**/wer?; **que?**/ was?; **pourquoi?**/warum?; **quand?**/ wann?; **où?**/wo?* (16, S. 26)

futur composé
(zusammengesetzte/s Zukunft/Futur), Zeitform des → Verbs, mit der du ausdrücken kannst, dass eine Handlung in der Zukunft stattfinden wird. Es wird aus einer konjugierten Form des Verbs *aller* und dem → Infinitiv eines Verbs gebildet: *Je **vais aller** chez Lila. / Ich werde zu Lila gehen.* (33, S. 51)

Genus
(le genre). Im Französischen gibt es nur zwei Genera: Maskulinum und Femininum. Das Neutrum gibt es im Französischen nicht.

Hauptsatz
(la proposition principale). Ein Satz, der mindestens aus einem → Subjekt und einem → Verb besteht: *Camille parle*. Hauptsätze können im Gegensatz zu → Nebensätzen alleine stehen.

Hilfsverb
(le verbe auxiliaire). Zur Bildung des → *passé composé* gibt es im Französischen zwei Hilfsverben: *avoir* und *être*. *Il a parlé. / Er hat gesprochen.; Elle est allée. / Sie ist gegangen.* Zur Bildung des → *futur composé* verwendest du das Hilfsverb *aller.* (36.1, S. 55)

Imperativ
(un impératif). Mit der Imperativform eines Verbs kannst du eine oder mehrere Personen auffordern, etwas zu tun oder etwas zu unterlassen: *Regarde.; Ne regarde pas.; Écoutez.* (8.3, S. 16)

Infinitiv
(un infinitif), Grundform eines Verbs, die zu keiner Person gehört: *regarder; attendre; faire.*

Intonation
(une intonation), Satzmelodie: das Heben und Senken der Stimme im Satz. Durch die Intonation kannst du im Französischen einen → Aussagesatz von einem → Fragesatz unterscheiden. (4.2, S. 11)

Intonationsfrage
(une interrogation par intonation). Die Wortstellung in diesem → Fragesatz ist dieselbe wie in einem → Aussagesatz. Nur die → Intonation unterscheidet sich vom Aussagesatz: Die Stimme wird am Satzende gehoben. (4.2, S. 11)

Konjugation
(la conjugaison), Anpassung eines → Verbs an das → Subjekt: *Elles **courent**.; Il **a** un chien.* (37, S. 56–59)

Konjunktion
(la conjonction), Wort, mit dem du zwei Satzteile *(David **et** Camille)* oder Sätze *(Lila aime la musique **mais** elle déteste les maths.)* verbinden kannst.

Konsonant
(la consonne) b, c, d, f, g usw.

maskulin
(masculin) → Genus

Mengenangabe
(le quantifiant). Mengen können mit Adverbien (z. B. *un peu de, beaucoup de*) und mit Nomen (z. B. *un pot de, une bouteille de*) angegeben werden. Im Französischen verwendest du nach Mengenangaben *de: un kilo **de** farine / ein Kilo Mehl.* (11, S. 20)

Modalverb
(le verbe modal). *Pouvoir, vouloir, savoir* und *devoir* sind Modalverben. Nach Modalverben steht der → Infinitiv des folgenden Verbs ohne Präposition: *Elle **veut** chanter. / Sie will singen.*

Nebensatz
(la proposition subordonnée), Satz, der von einem → Hauptsatz abhängig ist und nicht alleine stehen kann. Nebensätze werden von einer → Konjunktion oder einem → Relativpronomen eingeleitet.

Negation
(la négation) → Verneinung

Nomen
(le nom), Wort, das eine Sache oder Person bezeichnet und meistens einen Begleiter hat: *le **copain** / der Freund; ma **copine** / meine Freundin.*

Numerus
(le nombre) → Singular oder → Plural

Objekt, direktes
(le complément d'objet direct), eine Ergänzung, die ohne Präposition direkt nach dem Verb steht: *Je range **ma chambre**.*

Objekt, indirektes
(le complément d'objet indirect), eine Ergänzung, die mit einer Präposition an das Verb angeschlossen wird: *Il parle **de** son prof.; Elle demande **à** sa mère.* (29, S. 41)

Objektpronomen, direktes
(le pronom d'objet direct), Pronomen, das ein → direktes Objekt ersetzt: *Il cherche **le CD**. – Il **le** cherche.* (21.1, S. 29)

Objektpronomen, indirektes
(le pronom d'objet indirect), Pronomen, das ein → indirektes Objekt ersetzt. *Elle écrit **à ses parents**. – Elle **leur** écrit.* (32.1, S. 49)

Ordnungszahlen
(les nombres ordinaux) le premier / la première, le/la deuxième, le/la troisième usw. (30, S. 43)

Partizip Perfekt
(le participe passé), Form des Verbs, die du zur Bildung des → *passé composé* brauchst: *Il a **parlé**. / Er hat gesprochen.* Das Partizip wird nach dem Hilfsverb *être* dem → Subjekt in → Genus und → Numerus angeglichen: *Elle est partie.; Ils sont partis.; Elles sont parties.* (31.5, S. 47)

passé composé
(zusammengesetzte Vergangenheit), Zeitform der Vergangenheit, die du aus der konjugierten Form eines → Hilfsverbs und einem → Partizip Perfekt bildest: *Il **a écouté**.; Elle **est tombée**.* (31.5, S. 45)

Personalpronomen
(le pronom personnel). *Je, tu, il, elle, on, nous, vous, ils, elles* verwendest du vor konjugierten Verbformen. (3, S. 10)

Plural
(le pluriel). Der Plural eines Wortes wird durch seine → Endung angezeigt. Bei → Nomen und → Adjektiven meistens mit *-s: la maison – les maisons; grand – grands* (7, S. 14). Der Plural der → bestimmten Artikel *le* und *la* ist *les* (1.1, S. 7), der Plural der → unbestimmten Artikel *un* und *une* ist *des* (1.2, S. 8).

Possessivbegleiter
(le déterminant possessif). Gibt den Besitz oder die Zugehörigkeit an: ***ma** chambre / mein Zimmer; **notre** appartement / unsere Wohnung.* (1.3, S. 8 und 6, S. 13)

Präposition
(la préposition). Zeigt zeitliche, räumliche und andere Beziehungen zwischen Personen oder Sachen an: ***après** l'école / nach der Schule; **dans** la chambre / in dem Zimmer.* (38, S. 60–61)

Präsens
(le présent), Zeitform des → Verbs: *Elle **chante**.*

Pronomen
(le pronom), Wörter, mit denen du → Nomen oder Eigennamen ersetzen kannst. Es gibt verschiedene Pronomen: → Personalpronomen, → direkte Objektpronomen, → indirekte Objektpronomen, → Relativpronomen.

Rede, indirekte
(le discours indirect). Mit der indirekten Rede kannst du wiedergeben, was eine andere Person gesagt hat: *Lila dit que Yasmina photographie trop.* Die französische indirekte Rede wird immer mit der Konjunktion *que* eingeleitet. (14, S. 25) (s. auch → Frage, indirekte)

Reflexivpronomen
(le pronom réflechi), das Pronomen beim → reflexiven Verb: *Elles **se** baladent.* (12.5, S. 23)

Relativpronomen
(le pronom relatif). Bezieht sich auf Personen oder Sachen, über die etwas Genaueres ausgesagt werden soll: *Une chanson **qu'**elle aime; Jérémie, c'est mon copain **qui** a un chien.* Ein Relativpronomen leitet einen → Relativsatz ein. (21.2 – 21.3, S. 30 und 26.1, S. 36)

Relativsatz
(la proposition relative), Nebensatz, der mit einem → Relativpronomen eingeleitet wird. (21.2 – 21.3, S. 30 und 26.1, S. 36)

Satz
(la phrase). Besteht mindestens aus → Subjekt und → Verb. Es gibt verschiedene Arten von Sätzen: → Hauptsatz, → Nebensatz, → Aussagesatz, → Fragesatz.

Singular
(le singulier). Singularformen gibt es bei → Nomen, → Verben, → Adjektiven, → Pronomen und → Begleitern.

Stamm
(le radical). Ein Verb besteht aus einem Stamm und einer → Endung: ***parl**-ons.* (36.2, S. 56)

Subjekt
(le sujet), der Teil eines Satzes, über den etwas ausgesagt wird: ***Lila** est drôle.* Nach dem Subjekt fragst du mit *Wer?* oder *Was?*

Teilungsartikel
(un article partitif), Artikel, der eine unbestimmte Menge begleitet: ***de la** farine; **du** lait; **de l'**eau.* Der Teilungsartikel steht auch vor anderen Nomen: *faire **du** sport; faire **de la** natation.* (25.2, S. 35)

Verb
(le verbe). Verben bezeichnen Handlungen, Ereignisse, Zustände. Sie bestehen aus einem → Stamm und einer → Endung. Verben werden dem → Subjekt eines Satzes angeglichen.

Verb, reflexives
(le verbe pronominal), Verb, dessen Subjekt und Objekt ein und dieselbe Person sind: *Il **se lève**.* (12.5, S. 23)

Verneinung
(la négation). Die französische Verneinung besteht aus zwei Teilen: *ne … pas / ne … plus. Ne* steht vor dem Verb und *pas* bzw. *plus* dahinter: *Elle **ne** téléphone **pas**.; Il **ne** lit **plus**.* (8.5, S. 17 und 15, S. 25)

Vokal
(la voyelle) a, e, i, o, u

Zukunft, zusammengesetzte
→ *futur composé*

Bildquellen

Fotos
© Collection Christophel, S. 9 – © Cornelsen, Petter, S. 16, S. 28 (unten); Schulz, S. 6, S. 8, S. 19, S. 22, S. 30, S. 31, S. 34, S. 46, S. 52; Wölz, S. 28 (oben), S. 39, S. 51

Illustrationen
© Bayard Jeunesse, Je bouquine, n° 262, S. 29; Je bouquine, n° 276, S. 50; Okapi, S. 23; Okapi, Passion Surf, S. 32 – © Casterman, Tito, Les yeux de Leïla, S. 8 – © Fleurus Presse, Le monde des ados, n° 149, S. 52; Le monde des ados, n° 159, S. 36

Buchumschläge
© Bayard Jeunesse, Anna Gavalda, 35 kilos d'espoir, S. 20 – © L'école des loisirs, Anne-Laure Bondoux, La vie comme elle vient, S. 44; Tito, Les yeux de Leïla, S. 27 – © Gallimard, Florence Seyvos, Yan Nascimbene, Comme au cinéma, Collection Page Blanche, S. 13; François David, L'été où j'ai perdu mon chien, S. 47